Gerechter Frieden

Reihe herausgegeben von

Ines-Jacqueline Werkner, Forschungsstätte der Evangelischen Studiengemeinschaft e.V., Heidelberg, Deutschland

Sarah Jäger, Theologische Fakultät, Friedrich-Schiller-Universität Jena, Jena, Deutschland

„Si vis pacem para pacem" (Wenn du den Frieden willst, bereite den Frieden vor.) – unter dieser Maxime steht das Leitbild des gerechten Friedens, das in Deutschland, aber auch in großen Teilen der ökumenischen Bewegung weltweit als friedensethischer Konsens gelten kann. Damit verbunden ist ein Perspektivenwechsel: Nicht mehr der Krieg, sondern der Frieden steht im Fokus des neuen Konzeptes. Dennoch bleibt die Frage nach der Anwendung von Waffengewalt auch für den gerechten Frieden virulent, gilt diese nach wie vor als Ultima Ratio. Das Paradigma des gerechten Friedens einschließlich der rechtserhaltenden Gewalt steht auch im Mittelpunkt der Friedensdenkschrift der Evangelischen Kirche in Deutschland (EKD) von 2007. Seitdem hat sich die politische Weltlage erheblich verändert; es stellen sich neue friedens- und sicherheitspolitische Anforderungen. Zudem fordern qualitativ neuartige Entwicklungen wie autonome Waffensysteme im Bereich der Rüstung oder auch der Cyberwar als eine neue Form der Kriegsführung die Friedensethik heraus. Damit ergibt sich die Notwendigkeit, Analysen fortzuführen, sie um neue Problemlagen zu erweitern sowie Konkretionen vorzunehmen. Im Rahmen eines dreijährigen Konsultationsprozesses, der vom Rat der EKD und der Evangelischen Friedensarbeit unterstützt und von der Evangelischen Seelsorge in der Bundeswehr gefördert wird, stellen sich vier interdisziplinär zusammengesetzte Arbeitsgruppen dieser Aufgabe. Die Reihe präsentiert die Ergebnisse dieses Prozesses. Sie behandelt Grundsatzfragen (I), Fragen zur Gewalt (II), Frieden und Recht (III) sowie politisch-ethische Herausforderungen (IV).

Ines-Jacqueline Werkner ·
Anna Löw
(Hrsg.)

Sicherheits- und verteidigungspolitische Neujustierungen

Friedensethik nach der
Zeitenwende · Band 1

Hrsg.
Ines-Jacqueline Werkner
Arbeitsbereich Frieden
Forschungsstätte der Ev.
Studiengemeinschaft
Heidelberg, Baden-Württemberg
Deutschland

Anna Löw
Arbeitsbereich Frieden
Forschungsstätte der Ev.
Studiengemeinschaft
Heidelberg, Baden-Württemberg
Deutschland

ISSN 2662-2726 ISSN 2662-2734 (electronic)
Gerechter Frieden
ISBN 978-3-658-47447-8 ISBN 978-3-658-47448-5 (eBook)
https://doi.org/10.1007/978-3-658-47448-5

Die Deutsche Nationalbibliothek verzeichnet diese Publikation in der Deutschen Nationalbibliografie; detaillierte bibliografische Daten sind im Internet über https://portal.dnb.de abrufbar.

© Der/die Herausgeber bzw. der/die Autor(en), exklusiv lizenziert an Springer Fachmedien Wiesbaden GmbH, ein Teil von Springer Nature 2025

Das Werk einschließlich aller seiner Teile ist urheberrechtlich geschützt. Jede Verwertung, die nicht ausdrücklich vom Urheberrechtsgesetz zugelassen ist, bedarf der vorherigen Zustimmung des Verlags. Das gilt insbesondere für Vervielfältigungen, Bearbeitungen, Übersetzungen, Mikroverfilmungen und die Einspeicherung und Verarbeitung in elektronischen Systemen.
Die Wiedergabe von allgemein beschreibenden Bezeichnungen, Marken, Unternehmensnamen etc. in diesem Werk bedeutet nicht, dass diese frei durch jede Person benutzt werden dürfen. Die Berechtigung zur Benutzung unterliegt, auch ohne gesonderten Hinweis hierzu, den Regeln des Markenrechts. Die Rechte des/der jeweiligen Zeicheninhaber*in sind zu beachten.
Der Verlag, die Autor*innen und die Herausgeber*innen gehen davon aus, dass die Angaben und Informationen in diesem Werk zum Zeitpunkt der Veröffentlichung vollständig und korrekt sind. Weder der Verlag noch die Autor*innen oder die Herausgeber*innen übernehmen, ausdrücklich oder implizit, Gewähr für den Inhalt des Werkes, etwaige Fehler oder Äußerungen. Der Verlag bleibt im Hinblick auf geografische Zuordnungen und Gebietsbezeichnungen in veröffentlichten Karten und Institutionsadressen neutral.

Planung/Lektorat: Jan Treibel
Springer VS ist ein Imprint der eingetragenen Gesellschaft Springer Fachmedien Wiesbaden GmbH und ist ein Teil von Springer Nature.
Die Anschrift der Gesellschaft ist: Abraham-Lincoln-Str. 46, 65189 Wiesbaden, Germany

Wenn Sie dieses Produkt entsorgen, geben Sie das Papier bitte zum Recycling.

Inhaltsverzeichnis

Sicherheits- und verteidigungspolitische Neujustierungen nach der Zeitenwende – eine Einführung................................... 1
Ines-Jacqueline Werkner

Die Nationale Sicherheitsstrategie und die Zukunft deutscher Sicherheits- und Verteidigungspolitik....... 9
Karl-Heinz Kamp

Deutschland auf dem Weg zur Kriegstüchtigkeit? Eine friedensethische Reflexion der neuen Verteidigungspolitischen Richtlinien................. 25
Ines-Jacqueline Werkner

Trump 2.0 – transatlantische und geopolitische Perspektiven 37
Sven Bernhard Gareis

Europäische Sicherheit ohne die USA?............... 53
Matthias Dembinski

Braucht Europa eigene Nuklearstreitkräfte?.......... 69
Ines-Jacqueline Werkner

Nach sicherheits- und verteidigungspolitischen auch friedensethische Neujustierungen?.................. 83
Anna Löw

Über die Autorinnen und Autoren

Matthias Dembinski, Dr. phil., Projektleiter und Wissenschaftlicher Mitarbeiter des Peace Research Institute Frankfurt – Leibniz-Institut für Friedens- und Konfliktforschung.

Sven Bernhard Gareis, Dr. phil., Leiter der Fakultät Politik, Strategie und Gesellschaftswissenschaft an der Führungsakademie der Bundeswehr in Hamburg und Honorarprofessor am Institut für Politikwissenschaft der Universität Münster.

Karl-Heinz Kamp, Dr. phil., Associate Fellow im Zentrum für Ordnung und Governance in Osteuropa, Russland und Zentralasien der Deutschen Gesellschaft für Auswärtige Politik, bis 2023 Beauftragter des Politischen Direktors im Bundesministerium der Verteidigung, davor Präsident der Bundesakademie für Sicherheitspolitik in Berlin.

Anna Löw, Wissenschaftliche Hilfskraft im Arbeitsbereich Frieden an der Forschungsstätte der Evangelischen Studiengemeinschaft in Heidelberg und Doktorandin der Evangelischen Theologie an der Friedrich-Schiller-Universität Jena.

Ines-Jacqueline Werkner, Dr. rer. pol. habil., Leiterin des Arbeitsbereichs Frieden an der Forschungsstätte der Evangelischen Studiengemeinschaft in Heidelberg und Privatdozentin am Institut für Politikwissenschaft der Goethe-Universität Frankfurt a. M.

Sicherheits- und verteidigungspolitische Neujustierungen nach der Zeitenwende – eine Einführung

Ines-Jacqueline Werkner

1 Von der Kooperation zur Abschreckung

Der russische Angriff auf die Ukraine am 24. Februar 2022 hat sicherheits- und verteidigungspolitisch zu einem Paradigmenwechsel geführt. Mit ihm kündigte Wladimir Putin die europäische Friedensordnung der „Charta von Paris für ein neues Europa" unwiderruflich auf. Diese hatte 1990 – nach vier Jahrzehnten – den Kalten Krieg beendet. Das Ende der Blockkonfrontation sollte Raum geben für Perspektiven auf eine gesamteuropäische Friedensordnung:

> „Nun ist die Zeit gekommen, in der sich die jahrzehntelang gehegten Hoffnungen und Erwartungen unserer Völker erfüllen: unerschütterliches Bekenntnis zu einer auf Menschenrechten und Grundfreiheiten beruhenden Demokratie, Wohlstand durch wirtschaftliche Freiheit und soziale Gerechtigkeit und gleiche Sicherheit für alle unsere Länder" (KSZE 1990).

I.-J. Werkner (✉)
Forschungsstätte der Evangelischen Studiengemeinschaft, Heidelberg, Deutschland
E-Mail: ines-jacqueline.werkner@fest-heidelberg.de

© Der/die Autor(en), exklusiv lizenziert an Springer Fachmedien Wiesbaden GmbH, ein Teil von Springer Nature 2025
I.-J. Werkner und A. Löw (Hrsg.), *Sicherheits- und verteidigungspolitische Neujustierungen,* Gerechter Frieden,
https://doi.org/10.1007/978-3-658-47448-5_1

Die wesentlichen, unter Bezugnahme auf die Schlussakte von Helsinki (1975) formulierten Prinzipien – Gewaltverzicht und Achtung des Völkerrechts gemäß der UN-Charta, Menschenrechts- und Minderheitenschutz sowie territoriale Integrität – waren verbunden mit der Absicht, Verhandlungen über die 1986/87 begonnene atomare und konventionelle Abrüstung sowie besondere Maßnahmen der Vertrauens- und Sicherheitsbildung fortzusetzen bzw. auszubauen. Erstmals bestand die Chance eines Wandels von einer Sicherheit durch Abschreckung zu einem kooperativen Sicherheitssystem.

Diese Konstellation änderte sich sichtbar mit dem russisch-georgischen Krieg 2008 und der russischen Anerkennung der beiden abtrünnigen Provinzen Abchasien und Südossetien. 2014 wiederholte sich das russische Vorgehen mit der russischen Annexion der Krim. Spätestens seit dieser Zeit ist in Europa die Geopolitik zurückgekehrt, die nun im Ukrainekrieg kulminiert. Für Deutschland – wie auch für die NATO und die Europäische Union insgesamt – markiert die Rückkehr des Krieges in Europa „eine Zäsur mit weitreichenden Folgen" (Kaim und Kempin 2024, S. 7). Dafür steht auch die drei Tage nach Beginn des russischen Angriffskrieges von Bundeskanzler Olaf Scholz ausgerufene Zeitenwende:

> „Wir erleben eine Zeitenwende. Und das bedeutet: Die Welt danach ist nicht mehr dieselbe wie die Welt davor. Im Kern geht es um die Frage, ob Macht das Recht brechen darf, ob wir es Putin gestatten, die Uhren zurückzudrehen in die Zeit der Großmächte des 19. Jahrhunderts, oder ob wir die Kraft aufbringen, Kriegstreibern wie Putin Grenzen zu setzen. Das setzt eigene Stärke voraus" (Scholz 2022).

In dieser benennt er fünf Handlungsaufträge: (1) die Ukraine zu unterstützen, (2) Putin von seinem Kriegskurs abzubringen, (3) zu verhindern, dass Putins Krieg auf andere Länder in Europa übergreift („Ohne Wenn und Aber stehen wir zu unserer Beistandspflicht in der NATO"), (4) die Stärkung der Bundeswehr sowie (5) eine neue Außenpolitik (Vgl. Scholz 2022). Im Hinblick auf den vierten Punkt – das Ziel einer leistungsfähigen Bundeswehr – konstatiert Scholz (2022): „Wir brauchen Flugzeuge, die fliegen,

Schiffe, die in See stechen, und Soldatinnen und Soldaten, die für ihre Einsätze optimal ausgerüstet sind." Dafür wurde einmalig ein Sondervermögen von 100 Mrd. Euro eingerichtet. Zudem kündigte der Bundeskanzler an, die Verteidigungsausgaben – in Erfüllung der Absprachen innerhalb der NATO – bis 2024 auf mindestens zwei Prozent des Bruttoinlandsproduktes (BIP) zu steigern (Vgl. Scholz 2022).

Sicherheits- und verteidigungspolitisch geht diese Zeitenwende einher mit einer Erhöhung der Verteidigungsausgaben, einer Modernisierung und Aufrüstung der Bundeswehr, einer weiteren Steigerung des Streitkräfteumfangs sowie einer Rückkehr zur Logik der Abschreckung – und zwar unter veränderten und weitaus komplexeren Rahmenbedingungen. Auf eine weitere Konsequenz verweisen Georg Löfflmann und Malte Riemann (2023, S. 10 f.):

„Ein epochaler Umbruch, wie die Zeitenwende ihn andeutet, stellt Politiker, Experten und die deutsche Öffentlichkeit vor die Herausforderung, sich mit einer seit dem Ende des Kalten Krieges größtenteils vernachlässigten Thematik auseinanderzusetzen: der nationalen Sicherheit und Verteidigung Deutschlands mit militärischen Mitteln."

2 Die Sicherheit Europas – von der Lastenteilung zur Lastenverlagerung?

Nicht nur für Deutschland, auch für Europa insgesamt verbindet sich mit dem Ukrainekrieg eine Zeitenwende. Seit dem Beginn der russischen Invasion hat die Europäische Union massive und beispiellose Sanktionen gegen Russland verhängt. Allein im ersten Kriegsjahr waren es zehn Sanktionspakete; selten zeigte sich die EU derart geschlossen. Aber nicht nur wirtschaftlich, auch im Bereich der Sicherheits- und Verteidigungspolitik hat sie einen Wandel vollzogen: Die EU-Staaten erhöhen ihre Verteidigungsausgaben, bauen ihre strategischen Kernfähigkeiten aus und rüsten ihre Streitkräfte quantitativ wie qualitativ auf. Zudem unterstützen sie die Ukraine mit immer weiterreichenden Waffenlieferungen. In diesem Sinne konstatieren auch Markus Kaim und Ronja Kempin (2024, S. 5):

„Auch in der Europäischen Union (EU) hat Russlands Angriffskrieg ungeahnte Kräfte freigesetzt. Vor allem in der Sicherheits- und Verteidigungspolitik haben die EU-Staaten seit Februar 2024 Quantensprünge vollzogen."

Ungeachtet dieser Anstrengungen bleiben die USA nach wie vor der zentrale Akteur innerhalb der NATO, der wichtigste Garant für die europäische Sicherheit und der größte Unterstützer der Ukraine in ihrem Kampf gegen Russlands Angriffskrieg. Dies steht mit der zweiten Amtszeit von Donald Trump allerdings infrage. Trump gilt als ein *Restrainer*, der sich „von den traditionellen amerikanischen Verpflichtungen zum ,liberalen Internationalismus' entfernt" (Kaim und Kempin 2024, S. 28) hat. Aus seiner Sicht müssen die Amerikanerinnen und Amerikaner mehr für ihre Belange einstehen und verstärkt Ressourcen für Herausforderungen im eigenen Land aufbringen (Vgl. Kaim und Kempin 2024, S. 13) – ganz im Sinne der Maxime „America First". Damit verbände sich zugleich ein Rückzug der USA aus Europa:

> „*Restrainer* sind sich einig darin, dass die Mitgliedschaft der USA in der NATO und ihre Truppenpräsenz in Europa nicht mehr amerikanischen Interessen dienten und dass es an der Zeit sei, sich vollständig aus Europa zurückzuziehen" (Kaim und Kempin 2024, S. 13).

Gerade im Lichte der gegenwärtigen Bedrohungslage durch den Ukrainekrieg würde ein solches Ansinnen für Europa große Probleme bergen. Damit verbunden wäre eine Entwicklung von einer Lastenteilung (*burden sharing*) zu einer Lastenverlagerung (*burden shifting*). Die Auswirkungen für Europa wären doppelt desaströs: Zum einen könnten die Europäerinnen und Europäer die amerikanische Unterstützung für die Ukraine (finanziell wie militärisch) nicht auffangen, mit enormen Folgen für den Ausgang des Krieges in der Ukraine. Zum anderen wäre Europa – und damit auch Deutschland – gefordert, weitaus stärker als bislang für die eigene Sicherheit und Verteidigung aufzukommen. Gegenwärtig wäre Europa – ohne die USA – in einem konventionellen Szenario nicht in der Lage, sich selbst zu verteidigen. Das reicht von der Aufklärung über konventionelle Kräfte bis hin zur nuklearen Abschreckung (Vgl. Major 2023, 2024). Letztlich wäre im Falle eines Wegfalls des US-amerikanischen nuklearen Abwehrschirmes auch über eine verstärkte europäische Atombewaffnung nachzudenken. Dieser Frage kommt eine besondere – politische wie ethische – Relevanz zu, spielt die atomare Dimension der Abschreckung mit dem Ukrainekrieg wieder eine größere Rolle. So geht auch das Stockholmer Friedensforschungsinstitut SIPRI in seinem aktuellen Bericht von einer größer werdenden nuklearen Gefährdung aus und konstatiert: „Role of nuclear weapons grows as geopolitical relations deteriorate" (SIPRI 2024).

3 Zu diesem Band

Die obigen Ausführungen haben die Bandbreite der mit der Zeitenwende verbundenen Herausforderungen aufgezeigt. Vor diesem Hintergrund verhandeln die ersten beiden Beiträge die sicherheits- und verteidigungspolitischen Neujustierungen in Deutschland. In den Blick genommen werden die beiden dafür zentralen Dokumente: Der Beitrag von *Karl-Heinz Kamp* zeichnet den Weg nach, den die erste Nationalen Sicherheitsstrategie (Juni 2023) von den ersten Überlegungen bis hin zum finalen Dokument genommen hat. *Ines-Jacqueline Werkner* beleuchtet die Verteidigungspolitischen Richtlinien (November 2023). Sie stellt fünf Thesen zur Diskussion und verweist auf kritische Punkte in diesem Dokument.

Im Anschluss analysieren die Beiträge sicherheits- und verteidigungspolitische Neujustierungen, die sich aus geopolitischen Verschiebungen, der Wiederwahl des US-amerikanischen Präsidenten Donald Trump und damit verbundenen Konsequenzen für die Sicherheit und Verteidigungsfähigkeit Europas ergeben. *Sven Bernhard Gareis* zeigt Perspektiven für die transatlantischen Beziehungen wie auch für geopolitische Szenarien in Osteuropa, dem Nahen und Mittleren Osten sowie Ostasien auf und diskutiert ihre möglichen Folgen für Deutschland und Europa. *Matthias Dembinski* widmet sich der Frage, inwieweit der amerikanische Beitrag zur europäischen Sicherheit unverzichtbar ist.

Ließe er sich durch größere europäische Anstrengungen ersetzen? Und wie müsste Europa sich organisieren, um eigenständig Sicherheit herzustellen? Der folgende Beitrag von *Ines-Jacqueline Werkner* beleuchtet die in der Politik aktuell diskutierte Frage, ob Europa für seine Sicherheit eigene Nuklearstreitkräfte braucht. Dabei werden verschiedene, in der politischen Debatte befindliche Optionen in den Blick genommen, auf ihre Umsetzbarkeit hin geprüft und friedensethisch reflektiert.

In einer abschließenden Synthese richtet *Anna Löw* ihren Blick auf die friedensethischen Konsequenzen der sicherheits- und verteidigungspolitischen Neujustierungen. Sie fragt, inwieweit die mit den Neujustierungen einhergehende Logik der Abschreckung das christliche Leitbild des gerechten Friedens, das auf die Maxime „si vis pacem para pacem" (Wenn du den Frieden willst, bereite den Frieden vor) setzt, infrage stellt.

Literatur

Kaim, Markus und Ronja Kempin. 2024. *Die Neuvermessung der amerikanisch-europäischen Sicherheitsbeziehungen. Von Zeitenwende zu Zeitenwende*. Berlin: Stiftung Wissenschaft und Politik.

Konferenz für Sicherheit und Zusammenarbeit in Europa (KSZE). 1990. *Charta von Paris für ein neues Europa*. Paris: KSZE.

Löfflmann, Georg und Malte Riemann. 2023. Einleitung. In *Deutschlands Verteidigungspolitik. Nationale Sicherheit nach der Zeitenwende*, Hrsg. von Malte Riemann und Georg Löfflmann, 9–15. Stuttgart: Kohlhammer.

Major, Claudia. 2023. Warum Europa auf die Unterstützung der USA angewiesen ist. https://www.handelsblatt.com/meinung/kolumnen/geoeconomics-warum-europa-auf-die-unterstuetzung-der-usa-angewiesen-ist/29488858.html. Zugegriffen: 15. Dez. 2024.

Major, Claudia. 2024. Diskussion bei Markus Lanz. https://www.zdf.de/gesellschaft/markus-lanz-vom-24-januar-2024-100.html. Zugegriffen: 15. Dez. 2024.

Scholz, Olaf. 2022. Regierungserklärung am 27. Februar 2022. https://www.bundesregierung.de/breg-de/suche/regierungserklaerung-von-bundeskanzler-olaf-scholz-am-27-februar-2022-2008356. Zugegriffen: 15. Dez. 2024.

Stockholm International Peace Research Institute (SIPRI). 2024. Role of nuclear weapons grows as geopolitical relations deteriorate. https://www.sipri.org/media/press-release/2024/role-nuclear-weapons-grows-geopolitical-relations-deteriorate-new-sipri-yearbook-out-now. Zugegriffen: 15. Dez. 2024.

Die Nationale Sicherheitsstrategie und die Zukunft deutscher Sicherheits- und Verteidigungspolitik

Karl-Heinz Kamp

1 Einleitung

Am 14. Juni 2023 und damit fünfzehn Monate nach dem durch Russlands Krieg gegen die Ukraine verursachten sicherheitspolitischen Gezeitenwechsel stellte die Bundesregierung die erste Nationale Sicherheitsstrategie Deutschlands vor (Vgl. Die Bundesregierung 2023). Wie immer bei öffentlichen Grundsatzdokumenten dieser Art erntete man sowohl Zustimmung als auch Kritik. Den einen ging die Strategie in ihren sicherheitspolitischen Aussagen zu weit, den anderen nicht weit genug. Manche fanden die Prioritätensetzung fragwürdig, andere befürchteten eine Militarisierung der deutschen Politik. Wieder andere sahen in der Strategie eher ein typisches Konsensdokument, das den hochgesteckten Erwartungen nicht gerecht werde.

Eine solche kontroverse Diskussion ist nicht nur notwendig und richtig, sie war auch eine der Absichten, die mit der Sicherheitsstrategie von Anfang an verfolgt wurde. Nach Jahren der

K.-H. Kamp (✉)
Roma, Italien
E-Mail: kamp@af.dgap.org

vermeintlichen „strategischen Abstinenz", die von Kritikerinnen und Kritikern immer wieder beklagt und als Hindernis für deutsche Führung und Interessenvertretung gesehen wurde, lag nun ein Dokument vor, das strategische Interessen und Bedrohungen benennt und damit zur Diskussion stellte.

Allerdings muss eine Bewertung des Dokuments auch den historischen und politischen Kontext einbeziehen, in dem es entstanden ist. Es ist nicht nur das erste Mal, dass sich eine deutsche Regierung an einem solchen übergreifenden Sicherheitsdokument versuchte, sondern es wurde auch von einer Parteienkoalition ins Werk gesetzt, von denen sich zwei Parteien – SPD und Bündnis 90/Die Grünen – mit harter Sicherheit und militärischen Fragen traditionell eher schwertaten. Darüber hinaus verlief die Strategiebildung parallel zur „Zeitenwende", in der nicht nur die deutsche Politik, sondern auch die Gesellschaft viele ihrer sicherheitspolitischen Überzeugungen auf dem Prüfstand stellen mussten. Inwieweit die „Zeitenwende" nicht nur in konkreten politischen Entscheidungen, sondern auch „in den Köpfen" der Bürgerinnen und Bürger stattfinden würde, war in den anfänglichen Beratungen zur Sicherheitsstrategie noch nicht absehbar.

Ohnehin ist in den meisten Strategieformulierungen der Prozess mindestens ebenso wichtig wie das Ergebnis – also das Dokument – selbst. Er zwingt nämlich alle beteiligten Akteure, ihre Positionen zu formulieren und sich internen Abstimmungen zu stellen. Deshalb lohnt es sich, den Weg nachzuzeichnen, den die Sicherheitsstrategie von ersten Überlegungen bis zum fertigen Dokument genommen hat, ist er doch ein Beispiel dafür, wie tief der Einschnitt des Ukrainekrieges war und wie deutlich der Wandel im deutschen sicherheitspolitischen Denken ausgefallen ist.

2 Von der lästigen Pflicht zum Gottesgeschenk

„Wir werden im ersten Jahr der neuen Bundesregierung eine umfassende Nationale Sicherheitsstrategie vorlegen" (SPD, Bündnis 90/Die Grünen, FDP 2021, S. 114). Mit diesem eher dürren Satz, der auch noch weitgehend zusammenhanglos im hinteren

Teil des Koalitionsvertrages verborgen war, leitete die neu gewählte Bundesregierung aus SPD, Bündnis 90/Die Grünen und FDP im November 2021 die gründlichste sicherheitspolitische Neubewertung seit Jahren, wenn nicht Jahrzehnten, ein. Das war den Autorinnen und Autoren des Koalitionsvertrages sicher nicht bewusst, als sie die Formulierung eher unpassend in das Kapitel „Multilateralismus" einfügten, in dem sich ein buntes Gemisch von politischen Versprechungen und Absichten fand. Dieses reichte von geplanten Bürgerdialogen über die Stärkung des UN-Sitzes in Bonn bis hin zur mittlerweile vieldiskutierten „feministischen Außenpolitik", die im Dokument noch schamhaft hinter der englischen Bezeichnung „Feminist Foreign Policy" verborgen war. All das deutete darauf hin, dass sich in dem betreffenden Kapitel die Resterampe aller Anliegen fand, für die sich eine der drei Koalitionsparteien stark machte, oder die im Rahmen politischer Kompromisse und Tauschhandel noch irgendwie erwähnt werden mussten – so eben auch die Nationale Sicherheitsstrategie.

Auch in den betreffenden Ministerien – allen voran dem Auswärtigen Amt und dem Bundesministerium der Verteidigung – löste das Vorhaben nur begrenzte Begeisterung aus. „Noch eine Strategie" seufzten so manche Ministerialbeamtinnen und -beamte und dachten an die unzähligen Diskussionsrunden und Ressortabstimmungen, nur um am Ende ein allseits abgewogenes und geglättetes Strategiepapier zu haben, das, wie so viele andere Regierungsstrategien, nach wohlwollender Kenntnisnahme in den Schubladen verschwindet.

Entsprechend unverbindlich begannen Anfang Februar 2022, also noch vor dem Kriegsausbruch in der Ukraine, die Beratungen im Kreis der im engeren oder weiteren Sinne mit Außen- und Sicherheitspolitik befassten Ministerien.[1] Das Auswärtige

---

[1] Dazu gehörten das Auswärtige Amt, das Bundesministerium der Verteidigung, das Bundesministerium des Inneren, das Bundesministerium der Finanzen, das Bundesministerium für wirtschaftliche Zusammenarbeit und Entwicklung, das Bundesministerium der Justiz sowie das Bundesministerium der Wirtschaft.

Amt legte als Federführer ein erstes Eckpunktepapier vor, das an Allgemeinheit kaum zu überbieten war. Um „Chancen und Risiken" sollte es gehen, der „umfassende Sicherheitsbegriff" sollte zugrunde gelegt und das Sicherheitsumfeld sollte „balanciert" beschrieben werden – kein Wort zu Russlands immer offensichtlicheren Kriegsvorbereitungen oder zu der sich immer deutlicher abzeichnenden Systemrivalität mit China. Immerhin schlug man einen permanenten Arbeitsstab im Auswärtigen Amt vor, der auch das Redaktionsteam darstellen sollte. Damit sollte sichergestellt werden, dass die Strategie aus einer Feder und aus einem Guss entsteht, anstatt Textbausteine aus unterschiedlichen Ministerien zu erbitten und diese mühsam zu einem Gesamtpapier zusammenzustellen.

Der brutale Angriff Russlands auf die Ukraine am 24. Februar 2022 unterbrach den bis dahin eher geruhsamen Strategieprozess, da die gesamte Regierung zunächst in Schockstarre verfiel. Mit der Rede des Bundeskanzlers drei Tage später, die auch für viele Regierungsmitglieder überraschend kam, zeichnete sich ab, dass die Grundpfeiler bisheriger Sicherheitspolitik ins Wanken geraten waren und völlig neu überdacht werden mussten. Dies war dringend notwendig, weil die Fehleinschätzungen der Vergangenheit von allen Parteien begangen worden waren. Man hatte jahrelang parteiübergreifend eine Beschwichtigungspolitik gegenüber Russland betrieben und ebenso parteiübergreifend der Bundeswehr die nötigen Mittel verweigert. Keine der früheren Regierungen hatte auch nur in Ansätzen versucht, das NATO-Versprechen eines Verteidigungshaushalts in Höhe von zwei Prozent des Bruttoinlandsprodukts (BIP) zu erfüllen.

All diese Punkte mussten nun auf den Tisch und dadurch entwickelte sich die anfangs eher belächelte Sicherheitsstrategie geradezu zu einem Gottesgeschenk, da sie einen abgeschirmten und vertraulichen Rahmen bot, um die Zeitenwende auch strategisch zu erfassen. Folglich waren die folgenden Monate mit intensiven Debatten, mit Befragungen externer Expertinnen und Experten und mit Konsultationen der wichtigsten Verbündeten Deutschlands gefüllt.

Im Oktober legte das Redaktionsteam einen ersten Entwurf der Sicherheitsstrategie vor, der schon recht nah am endgültigen

Ergebnis lag. Die Autorinnen und Autoren hatten den Dreischritt eines wirklichen Strategiepapiers gewählt und zunächst die Werte und Interessen der deutschen Außen- und Sicherheitspolitik definiert. Dazu gehörten neben dem Schutz der territorialen Integrität Deutschlands und seiner Verbündeten auch etwa das Interesse an freien Handelswegen und einer gesicherten Rohstoff- und Energieversorgung. Man erinnere sich: Es war erst ein gutes Jahrzehnt her, dass der damalige Bundespräsident Horst Köhler wegen der harschen öffentlichen Kritik an einer ähnlichen Formulierung zur deutschen Rohstoffsicherheit von seinem Amt zurückgetreten war. In einem zweiten Kapitel wurden die Bedrohungen und Herausforderungen dargestellt, angefangen von der durch den Ukrainekrieg offensichtlich gewordenen Gefahr eines aggressiven Russlands über die systemische Rivalität mit China bis hin zur staatlichen Fragilität im Globalen Süden, der Klimakrise und den sogenannten neuen Sicherheitsrisiken. Drittens wurden die Handlungsfelder und Instrumente deutscher Sicherheitspolitik beschrieben – also Begriffe wie Landes- und Bündnisverteidigung, Katastrophenschutz, Krisenprävention, Rüstungsexportpolitik oder Rüstungskontrolle. Abschließend waren noch Ausführungen zur Umsetzung der Strategie mit konkreten Handlungs- und Zielvorgaben vorgesehen, die vernünftigerweise aber erst gegen Ende des Strategieprozesses formuliert werden sollten.

Bemerkenswert war die Klarheit, mit der die unmittelbare Bedrohung durch Russland, die Gefahr der chinesischen Aufrüstung, der internationale Terrorismus oder die gefährlichen Folgen des Klimawandels benannt wurden. Wer noch Reminiszenzen an den in der Vergangenheit allgegenwärtigen Dialog mit Moskau oder die Partnerschaft mit China befürchtet hatte, wurde eines Besseren belehrt. Ein in den Strategieprozess einbezogener Offizieller meinte halb bewundernd, halb im Scherz, dass dieser erste Entwurf der Nationalen Sicherheitsstrategie auch aus der Feder der Absolventen eines Lehrgangs der Führungsakademie der Bundeswehr hätte stammen können.

Natürlich war diese erste Skizze noch zu lang, zu wenig stringent und mit zu vielen Redundanzen versehen. In mehreren Abstimmungs- und Überarbeitungsrunden auf Arbeitsebene wurde daraus ein schlüssiges Dokument gefeilt, das aber noch eine Reihe von offenen Stellen aufwies. Das verwunderte nicht, ging es doch um solch heikle Fragen, wie die Finanzierung der Streitkräfte, den neu eingeführten Begriff der „integrierten Sicherheit", der alles und jedes bedeuten konnte, die künftige Haltung zu deutschen Rüstungsexporten oder um einen Nationalen Sicherheitsrat, der den bislang bestehenden Bundessicherheitsrat aufwerten oder ersetzen könnte.

Bis Ende Januar 2023 hatten mehrere Runden auf Ebene der Staatssekretäre oder gar der Minister eine Vielzahl der offenen Fragen und strittigen Formulierungen ausgeräumt. Lediglich vier große Streitpunkte hielten sich hartnäckig: (1) die Festlegung auf das Zwei-Prozent-Ziel bei den Verteidigungsausgaben, (2) eine mögliche Änderung des Grundgesetzes, um der Bundesebene gegenüber den Ländern mehr Kompetenzen beim Katastrophenschutz zu geben, (3) die Forderung, dass die Ausgaben für Entwicklungshilfe stets parallel und im gleichen Verhältnis zu den Verteidigungsausgaben steigen sollen, sowie (4) die Etablierung eines Nationalen Sicherheitsrates.

Dabei war der Streit um einen Nationalen Sicherheitsrat eher ungewöhnlich, hatte man sich in der Arbeitsgruppe doch schon sehr früh auf die Formulierung geeinigt, dass man ein „Sicherheitskabinett als ständigen Kabinettsausschuss" gründen wollte, das im Bundeskanzleramt angesiedelt sein sollte. Mit dieser vagen Wortwahl glaubte man, die Interessen aller berücksichtigt zu haben, und man hätte zu einem späteren Zeitpunkt ausarbeiten können, was ein solcher Ausschuss denn genau leisten sollte. Das Auswärtige Amt wollte eine solche Klärung – entgegen der anfänglichen Absprache – schon früher herbeiführen und schlug vor, dass dieser Ausschuss – ob er nun Nationaler Sicherheitsrat oder Bundessicherheitskabinett heißen würde – zwar zum Bundeskanzleramt gehören würde. Er solle aber einen bürokratischen Unterbau, also Büros und Personal, bekommen, der im Auswärtigen Amt angesiedelt wäre. Damit würde die jeweilige Außenministerin bzw. der jeweilige Außenminister de facto die Agenda der Sitzungen bestimmen, was das Bundeskanzleramt als einen Eingriff in seine Kompetenzen ansah und deshalb ablehnte. Diese Auseinandersetzung gelangte als eine der wenigen

Interna an die Öffentlichkeit und wurde damit zu einem direkten Konflikt zwischen Bundeskanzler und Außenministerin. Die übrigen Ministerien waren in dieser Auseinandersetzung eher unbeteiligt, weil es doch im Kern um den schon mehrfach in der Vergangenheit geführten Disput ging, ob das Auswärtige Amt oder das Bundeskanzleramt die Grundlinien der deutschen Außenpolitik bestimmt. Am Ende wurde die schlechteste aller Optionen gewählt – man strich die Formulierungen zum Nationalen Sicherheitsrat ganz und griff auch nicht mehr auf den eingangs gefundenen Kompromiss des Sicherheitskabinetts zurück.

Auch der Wunsch nach mehr Bundeskompetenz beim Katastrophenschutz überlebte die letzten Abstimmungen im Februar ebenso wenig wie die Forderung nach regelmäßig steigenden Ausgaben für die Entwicklungszusammenarbeit. Einzig dem Wunsch des Verteidigungsministeriums, die Zwei-Prozent-Verpflichtung in der Strategie zu verankern, wurde entsprochen, wenn auch mit der Abschwächung, dass dies im „mehrjährigen Durchschnitt" gelten sollte.

Mitte März wurde das fertige Dokument in die finale Ressortabstimmung gegeben, wo auch die bislang nicht am Prozess beteiligten Ministerien und später auch die Länder noch ihre Anmerkungen einbringen konnten. Ende März lagen deren Kommentare vor, die aber nichts Grundsätzliches an dem Papier mehr änderten. Im Juni 2023 folgten dann der finale Regierungsbeschluss und die Veröffentlichung der ersten deutschen Nationalen Sicherheitsstrategie.

3 Bedeutung und Folgen der Nationalen Sicherheitsstrategie

Die Sicherheitsstrategie ist sowohl Teil als auch Treiber der Zeitenwende. Man sollte sie in ihrer Bedeutung nicht überhöhen, weil sie als einzelnes Regierungsdokument allein keine grundlegende Veränderung eingefahrener politischer Überzeugungen erreichen kann. Man darf sie aber auch nicht unterschätzen, weil sie einen neuen, nahezu parteiübergreifenden Konsens hin zu einer realistischen Außen- und Sicherheitspolitik markiert. Auch wenn sie mit den Sicherheitsstrategien der NATO (dem Strategischen Konzept) und der Europäischen Union (dem Strategischen Kompass) abgeglichen wurde, ist sie aber vor allem das Produkt eines nationalen Diskussionsprozesses. Sie ist deshalb in dreifacher Hinsicht bedeutsam:

Wichtig ist zunächst, dass sie überhaupt existiert, weil dadurch Dinge festgeschrieben werden, hinter die diese oder künftige Bundesregierungen nur schwer wieder zurückfallen kann. Insofern hat etwa die ausdrückliche Erwähnung des Zwei-Prozent-Ziels eine besondere Bedeutung. Auch in der Rüstungsexportpolitik verfolgt die Bundesregierung nach Veröffentlichung der Sicherheitsstrategie eine weniger restriktive Politik als in der Vergangenheit.

Zum zweiten hat sie sicher Schwächen und Unzulänglichkeiten, Schließlich ist sie die erste Strategie dieser Art. Sie hat aber einen Prozess begonnen, in dem künftige Regierungen ihre eigene Nationale Sicherheitsstrategie erarbeiten und die strategische Evolution Deutschlands vorantreiben können. Denkbar ist sogar, dass – ähnlich wie in den USA – jede künftige Bundesregierung verpflichtet wird, ein solches Dokument vorzulegen.

Drittens gibt die Sicherheitsstrategie eine Richtung vor, an der sich künftige Bundesregierungen orientieren müssen und die eine Reihe von Grundsätzen für die Zukunft der deutschen Sicherheits- und Verteidigungspolitik festschreibt. Dabei sind folgende Grundsätze von besonderer Bedeutung:

1. Landes- und Bündnisverteidigung ist eine Kernaufgabe des Staates.
Die Bundeswehr ist das zentrale Element militärischer Sicherheitsvorsorge und muss auftragsgerecht ausgestattet sein. Wenn sie die Landes- und Bündnisgrenzen vor Angriffen von außen schützen soll, dann muss sie nach dem Verteidigungsminister Boris Pistorius damit auch „kriegstüchtig" werden. Dies beinhaltet nach ihm drei Elemente:

(1) modernes und ausreichend vorhandenes militärisches Gerät, um den Streitkräften die Erfüllung ihres Auftrags zu ermöglichen und sie dabei weitmöglichst zu schützen. Gerade wenn die Angehörigen der Bundeswehr ihre Gesundheit und

ihr Leben für die Verteidigung ihres Landes riskieren, haben sie ein Recht auf eine optimale Ausstattung.
(2) eine ausreichende Menge von qualitativ hochwertig ausgebildeten Soldatinnen und Soldaten, um den Anforderungen einer umfassenden und wirksamen Landes- und Bündnisverteidigung gerecht zu werden.
(3) ein öffentliches Verständnis von Sicherheitsvorsorge, das die Notwendigkeit von Streitkräften und einer leistungsfähigen Zivilen Verteidigung anerkennt und einen militärischen Konflikt auch unter Einbeziehung Deutschlands als reale Möglichkeit betrachtet.

Wenn aber Landes- und Bündnisverteidigung unter den geltenden europäischen und internationalen Rahmenbedingungen absolut prioritär ist, dann folgt daraus, dass Streitkräfteeinsätze zur Stabilisierung von Krisenregionen jenseits der Landes- und Bündnisgrenzen sekundär sind – auch wenn sie nicht völlig wegfallen werden. Solche Einsätze können nur dann erwogen werden, wenn zentrale Sicherheitsinteressen Deutschlands oder seiner Verbündeten betroffen sind, der Einsatz militärischer Mittel sich strategisch sinnvoll in ein politisches Gesamtkonzept des Engagements einfügt und eine Streitkräfteentsendung ohne Schwächung der Landes- und Bündnisverteidigung möglich ist.

2. Die Finanzierung der Verteidigungsfähigkeit muss aus dem regulären Bundeshaushalt erfolgen.
Die Ausgaben für die Bundeswehr müssen langfristig und dauerhaft durch entsprechende Priorisierung im Haushalt gewährleistet werden und nicht über kurzfristige schuldenfinanzierte Maßnahmen. Nur durch eine solche Priorisierung kann der Stellenwert einer militärisch gestützten Sicherheitspolitik öffentlich vermittelt werden. Die in der NATO vereinbarte Formel von Verteidigungsausgaben von mindestens zwei Prozent vom Bruttoinlandsprodukt ist weder historisch noch im Vergleich mit anderen Bündnispartnern ein unangemessener Wert. 1963 betrugen die westdeutschen Verteidigungsausgaben 4,9 Prozent vom BIP, 1983 immer noch über drei Prozent. Polen gibt derzeit fast vier Prozent seines BIP für Verteidigung aus, Litauen fast drei

Prozent. Norwegen hat angekündigt, seinen Verteidigungshaushalt in den kommenden Jahren fast zu verdoppeln. Gemessen an dem Nachholbedarf beim Aufbau einer „kriegstüchtigen" Bundeswehr ist offensichtlich, dass die derzeit nur mit Mühe erreichten zwei Prozent vom deutschen BIP keinesfalls ausreichen. Hinzu kommt, dass Deutschland aufgrund seiner geostrategischen Lage im Falle eines gewaltsamen Vorgehens Russlands gegen die NATO von möglichen Kriegshandlungen besonders betroffen wäre und deshalb auch die Zivile Verteidigung neu aufbauen muss. Bei letzterer besteht noch größerer Nachholbedarf als bei der militärischen Seite der Gesamtverteidigung. Ein ausreichender Verteidigungshaushalt, der (auch) zulasten anderer gewünschter Staatsausgaben bereitgestellt wird, bedeutet keinesfalls eine „Militarisierung" der Außenpolitik, sondern den Erhalt des gesamten Spektrums staatlichen Handelns zur Wahrung der eigenen Sicherheitsinteressen – im Englischen treffend „Statecraft" genannt.

3. Es gilt das Primat transatlantischer Sicherheit mit der NATO als ihrem Kern.
Deutsche Sicherheit und Verteidigung wird im transatlantischen Verbund gewährleistet mit der NATO als ihrem Kern.[2] Die NATO ist das sicherheitspolitische Bindeglied zwischen den USA und Europa – durch sie werden die Vereinigten Staaten (auch) zu einer europäischen Macht. Enge und vertrauensvolle Beziehungen zu den USA sind für Deutschland von elementarer Bedeutung, was einen Dissens in Einzelfragen nicht ausschließt. Damit gilt für Deutschland nach wie vor das Prinzip der Westbindung und das Bekenntnis zu den westlichen Werten wie etwa Freiheit, Liberalismus und Marktwirtschaft. Die immer wieder aufgebrachte Idee einer deutschen Äquidistanz zwischen Ost und West war und ist für Deutschland keine Option.

---

[2] Das schließt ein deutsches militärisches Handeln zum Krisenmanagement im Rahmen einer „Koalition der Willigen" innerhalb oder außerhalb der Nordatlantischen Allianz nicht aus, sofern es mit dem Völkerrecht vereinbar und mit den Verbündeten abgestimmt ist.

Grundlage der euro-atlantischen Sicherheitsgemeinschaft ist der im Kalten Krieg geschlossene *Transatlantic Bargain*, in dem die USA sich zum Schutz Europas verpflichten, während die Europäer die Sicherheitsinteressen der USA und des politischen „Westens" befördern. Anders als im Kalten Krieg enden deutsche und europäische Sicherheitsinteressen allerdings nicht mehr an den Grenzen Europas oder dessen unmittelbarer Nachbarschaft. Ein autokratisch und teilweise aggressiv agierendes China erfordert den deutschen Blick auch auf den asiatisch-pazifischen Raum. Da Deutschland, wie auch andere europäische Staaten, nicht in der Lage ist, in diesen entfernten Regionen militärisch zu agieren, bleibt man nach wie vor auf die USA als Vertreter westlicher Interessen angewiesen. Folglich muss der einst auf den Ost-West Kontext bezogene *Bargain* nun um die pazifische Dimension erweitert werden und zu einem neuen Gleichgewicht von Leistung und Gegenleistung führen.

Das erfordert künftig eine weitaus höhere deutsche und europäische Bereitschaft zur transatlantischen Lastenteilung – unabhängig davon, wer im Weißen Haus regiert. Dies bedeutet zum einen deutlich größere finanzielle Beiträge für die gemeinsame Verteidigung, weil die USA künftig weder willens noch in der Lage sein werden, europäische Sicherheit weiterhin zu subventionieren und gleichzeitig die Sicherheit im asiatisch-pazifischen Raum aufrechtzuerhalten. Zum anderen bedarf es der deutschen und europäischen Bereitschaft, mehr militärische Verantwortung in den an Europa angrenzenden Regionen zu übernehmen, um dadurch amerikanische Streitkräfte zu entlasten. Ein stärkeres europäisches Engagement im Mittelmeer, im Roten Meer oder in der Golfregion würde es den USA ermöglichen, ihre dort gebundenen Streitkräfte für Operationen im Pazifikraum vorzusehen. Gerade angesichts isolationistischer Tendenzen in den USA ist ein solcher neuer „Deal" erforderlich, um dem Eindruck des europäischen „Trittbrettfahrens" entgegenzutreten.

4. Eine militärisch „autonome" Europäische Union ist nicht erstrebenswert und keine Alternative zur NATO.
Seit vielen Jahren bemüht sich die Europäische Union, eine schlagkräftige gemeinsame militärische Handlungsfähigkeit aufzubauen.

Wenn man sich – so war die Logik – schon auf eine gemeinsame Währung einigen konnte, dann muss die europäische Integration auch bei den Streitkräften möglich sein. Ende der 1990er Jahre wollte die EU eine Streitmacht von 60.000 Soldatinnen und Soldaten für Kriseneinsätze außerhalb Europas aufbauen. Wenig später sollte diese sogar auf 100.000 Soldatinnen und Soldaten, 400 Flugzeuge und 100 Schiffe anwachsen. Mit dem Lissabon-Vertrag wurde eine „Gemeinsame Sicherheits- und Verteidigungspolitik" verkündet, bei der es – wie es der Name bereits anklingen lässt – nicht nur um Kriseneinsätze, sondern auch um die Verteidigung der EU gehen soll. Gleiches gilt für die „Europäische Verteidigungsunion", die laut EU-Beschlüssen bis 2025 geschaffen sein soll.

Nichts von dem ist bis heute auch nur in Ansätzen umgesetzt worden – vor allem, weil keines der EU-Mitglieder bereit war, die dafür erforderlichen Ressourcen bereitzustellen. Selbst Frankreich, das immer noch eine militärisch von den USA autonome EU anstrebt, machte da keine Ausnahme. Darüber hinaus war die EU nicht als ein außenpolitisches Machtinstrument entworfen worden, sondern als ein primär wirtschaftliches Projekt. Es fällt ihr deshalb grundsätzlich schwer, zu einem Instrument der effektiven Machtausübung und Machteindämmung zu werden.

Mit dem Ausbruch des Ukrainekrieges sind die Pläne von einer militärisch autonomen beziehungsweise souveränen EU oder einer wirklichen Verteidigungsunion erst recht Makulatur geworden, weil gerade die osteuropäischen EU-Mitglieder, die sehr viel stärker auf die USA setzen, sie nicht anstreben. So fragen diese Staaten völlig berechtigt, wo die EU und die Ukraine im aktuellen Konflikt mit Russland ohne die militärische Unterstützung der USA geblieben wären. Was hätte die EU ohne die USA und ohne die NATO denn tun können, um eine mögliche Aggression Moskaus gegen Polen oder die baltischen Staaten zu verhindern? Wie hätte man denn eine glaubhafte nukleare Abschreckung gegenüber Russland ohne die USA (und ohne Großbritannien) erreichen können?

Selbst wenn man militärisches Handeln nur auf den Bereich des Krisenmanagements jenseits der Grenzen der EU reduziert, werden EU-Operationen künftig nur noch begrenzt möglich sein.

In der Vergangenheit konnten EU-Mitglieder Teile ihrer Streitkräfte in EU-Missionen entsenden, obwohl diese für Verteidigungsaufgaben im Rahmen der NATO vorgesehen waren. Der Ukrainekrieg hat Abschreckung und Verteidigung wieder in den Mittelpunkt gerückt, sodass die Verteidigungspläne der NATO glaubhaft mit Streitkräften unterfüttert werden müssen. Das fällt der Mehrheit der EU-Mitglieder aufgrund der jahrelangen Vernachlässigung ihrer militärischen Fähigkeiten schwer genug – für militärisches Krisenmanagement der EU bleiben da nur geringe Spielräume.

Folglich sind Begriffe wie „Europa-Armee", „Gemeinsame Sicherheits- und Verteidigungspolitik" oder „Europäische Verteidigungsunion" irreführend, weil sie die Illusion einer militärisch eigenständigen EU nähren und den transatlantischen Sicherheitsverbund schwächen. Eine militärische Autonomie der EU wird derzeit wohl nur noch von Frankreich propagiert, wobei dabei immer der Wunsch nach französischer Führung mitschwingt. Dies ist in der EU nicht mehrheitsfähig und kann auch keine Richtschnur für die deutsche Sicherheits- und Verteidigungspolitik sein.

Dabei sollen Europäerinnen und Europäer sehr wohl auch ohne die USA militärisch handeln können, etwa wenn der betreffende Konflikt amerikanische Interessen nicht berührt oder die USA anderweitig gebunden sind. Allerdings würden solche militärischen Operationen nicht im Rahmen einer vermeintlich autonomen EU geschehen, sondern als europäischer Pfeiler der NATO. Dies würde unter anderem bedeuten, dass Großbritannien als eine der stärksten europäischen Militärmächte in Europa ebenfalls eingeschlossen wäre.

5. Die Zukunft liegt in der immer engeren Zusammenarbeit von NATO und EU.
Die so oft für ihre Uneinigkeit und bürokratische Ineffizienz kritisierte EU hat vor und während des Ukrainekrieges ganz hervorragend funktioniert. Vermutlich sehr zur Überraschung Wladimir Putins (oder auch Xi Jinpings) haben sich die EU-Mitglieder nicht über das Pro und Kontra russischer Gaslieferungen zerstritten, sondern schon vor dem Ausbruch des Krieges klare Signale

gesandt, dass ein russischer Angriff mit hohen wirtschaftlichen und politischen Kosten verbunden wäre. Mit Beginn des Krieges hat die EU immer schärfere Sanktionen gegen Russland verhängt, eine solidarische Gasversorgung ihrer Mitglieder sichergestellt, den Anstieg der Getreidepreise gebremst und damit indirekt zur Stabilisierung ohnehin fragiler Regionen im Globalen Süden beigetragen. Darüber hinaus hat die EU die Ukraine mit gewaltigen Milliardenbeträgen militärisch und vor allem wirtschaftlich unterstützt.

Durch dieses kohärente Handeln, dessen Effekte weit über Europa hinausreichten, ist die EU das geworden, was sich viele Anhängerinnen und Anhänger eines geeinten Europas stets gewünscht hatten: ein Schwergewicht in der internationalen Politik, das seine wirtschaftliche Bedeutung in entscheidenden sicherheitspolitischen Einfluss verwandeln konnte. Allerdings geht es bei all dem um sicherheits*politisches* und nicht um militärisches Handeln. Die militärischen Reaktionen auf den Krieg oblagen ausschließlich der NATO, die ihre militärischen Planungen und Streitkräfteentwicklungen auf die Notwendigkeit der Abschreckung und Verteidigung gegen ein aggressives und revanchistisches Russland eingestellt hat. Die Zukunft liegt also in einer immer engeren funktionalen Zusammenarbeit von NATO und EU, bei der jede dieser Institutionen ihre Kernkompetenzen einbringt.

6. Abschreckung – und insbesondere nukleare Abschreckung – muss offen diskutiert werden.
Die NATO bezeichnet sich als eine „nukleare Allianz" und Deutschland ist seit den 1950er Jahren Stationierungsort US-amerikanischer Kernwaffen. Auch nimmt Deutschland am sogenannten *Nuclear Sharing* teil, bei dem im Konfliktfall Kampfflugzeuge der Bundeswehr mit US-amerikanischen Atomwaffen ausgestattet werden können. Unmittelbar nach Beginn des Ukrainekrieges hat Deutschland moderne amerikanische F-35 Bomber bestellt, um diese Form der nuklearen Teilhabe auch in den kommenden Jahrzehnten fortführen zu können.

So wichtig die nukleare Abschreckung für Deutschlands Sicherheit und seine Rolle in der NATO ist, so wenig waren vergangene

Bundesregierungen bereit, das augenscheinlich sensible Thema im öffentlichen Diskurs zu verankern. Grund für die allseitige Weigerung, sich auf Nuklearfragen intellektuell einzulassen ist zum einen die Polarisierung des Themas („dafür – dagegen") und zum anderen der Umstand, dass eine auf Kernwaffen gestützte Abschreckung ein grundsätzlich gefährliches Konzept voller Dilemmata und unauflösbarer Widersprüche ist. Deutlich leichter und moralisch befriedigender war es für Teile der deutschen Politik, dem Traum einer Zukunft ohne Kernwaffen zu folgen und den Atomwaffenverbotsvertrag der Vereinten Nationen zu stützen. Allerdings kollidiert die Idee der atomwaffenfreien Welt mit der politischen Realität einer gerade durch den Ukrainekrieg gestiegenen Bedeutung von Kernwaffen und ist bestenfalls als politisches Fernziel aufrechtzuerhalten. Damit bleibt eine informierte Diskussion über die Ausgestaltung der nuklearen Abschreckung eine Leerstelle in der deutschen Zeitenwende, weil wichtige Implikationen nicht thematisiert werden.

7. Es gilt, den sicherheitspolitischen IQ zu stärken.
Der Umstand, dass Sicherheits- und Verteidigungspolitik in Deutschland lange Zeit negativ konnotiert war und – von gelegentlichen Betroffenheits- und Protestwellen abgesehen – meist in kleineren Expertenzirkeln debattiert wurde, hat zu einem allgemeinen Verlust von sicherheitspolitischen Kenntnissen in Politik und Öffentlichkeit geführt. Die Zahl der Parlamentarierinnen und Parlamentarier, die sich dezidiert mit Sicherheits- und Verteidigungspolitik befassen, ist gering. Gerade im sozialdemokratischen Bereich haben immer wieder profilierte Sicherheitspolitikerinnen und -politiker aufgegeben, weil sie sich innerparteilich nicht wertgeschätzt fühlten. Gleiches gilt für den Bereich des Journalismus, in dem sich nur wenige sicherheitspolitische Expertinnen und Experten finden. Die Empörungskultur der sozialen Medien, in der sich jeder noch so abstruse Vorschlag ungefiltert verbreitet, trägt ebenso zur Malaise bei, weil es eine zu kleine informierte Öffentlichkeit gibt, die Bedenkenswertes von völlig substanzlosen Vorschlägen unterscheiden könnte.

Dieser geringe sicherheits- und verteidigungspolitische Intelligenzquotient (IQ) in Politik und Gesellschaft lässt sich nicht über Nacht steigern, da es bereits bei der Ausbildung des sicherheitspolitischen Nachwuchses in Deutschland Defizite gibt. In der Vergangenheit wurde vor allem die Friedensforschung staatlich gefördert, während es keine Versuche gab, die sogenannten *Strategic Studies* in der akademischen Landschaft zu etablieren. Die Zahl der Hochschullehrerinnen und Hochschullehrer, die sich im Schwerpunkt mit Sicherheits- und Verteidigungspolitik befassen, liegt im eher einstelligen Bereich. Auch gibt es in Deutschland nur eine Professur für Militärgeschichte. Hinzu kommt, dass rund siebzig deutsche Universitäten sich selbst eine sogenannte „Zivilklausel" auferlegt haben, die besagt, dass universitäre Forschung nicht für den rüstungstechnologischen Bereich nutzbar gemacht werden dürfe und dass man folglich keine Gelder für militärische Auftragsforschung annehmen würde. Selbst die Jugendoffiziere der Bundeswehr, die jungen Menschen sicherheitspolitische Frage nahebringen konnten, wurden von vielen Schulen verbannt.

Hier deutet sich infolge des Ukrainekrieges ein Umdenken an: Das Bildungsministerium hat sich für Zivilschutzübungen an Schulen ausgesprochen und das Wirtschaftsministerium fordert mehr Rüstungsforschung. Selbst das Gesundheitsministerium sieht die Notwendigkeit, deutsche Kliniken besser auf militärische Konflikte vorzubereiten. Will man aber dem in der Nationalen Sicherheitsstrategie postulierten Konzept der „Integrierten Sicherheit" entsprechen, dann muss auf allen Ebenen mehr Wert auf den Aufbau sicherheitspolitischer Expertise gelegt werden.

Literatur

Die Bundesregierung. 2023. Integrierte Sicherheit für Deutschland, Nationale Sicherheitsstrategie. https://www.bmvg.de/resource/blob/5636374/38287252c5442b786ac5d0036ebb237b/nationale-sicherheitsstrategie-data.pdf. Zugegriffen 18. Apr. 2024.

Sozialdemokratische Partei Deutschlands (SPD), Bündnis 90/Die Grünen und Freie Demokratische Partei (FDP). 2021. Mehr Fortschritt wagen, Koalitionsvertrag der Bundesregierung 2021–2025. https://www.spd.de/fileadmin/Dokumente/Koalitionsvertrag/Koalitionsvertrag_2021-2025.pdf. Zugegriffen 18. Apr. 2024.

Deutschland auf dem Weg zur Kriegstüchtigkeit? Eine friedensethische Reflexion der neuen Verteidigungspolitischen Richtlinien

Ines-Jacqueline Werkner

1 Einleitung

Im November 2023 erließ Boris Pistorius neue Verteidigungspolitische Richtlinien für die Bundeswehr. Wie fundamental sich die sicherheitspolitische Lage in Europa in nur einem Jahrzehnt verändert hat, zeigt ein Blick in die vorhergehenden Verteidigungspolitischen Richtlinien von 2011. Diese starteten noch mit dem Satz: „Eine unmittelbare territoriale Bedrohung Deutschlands mit konventionellen militärischen Mitteln ist unverändert unwahrscheinlich" (BMVg 2011, S. 8). Entsprechend heißt es im Hinblick auf die Fähigkeiten der Bundeswehr dann auch: „Die wahrscheinlicheren Aufgaben der internationalen Konfliktverhütung und

---

I.-J. Werkner (✉)
Forschungsstätte der Evangelischen Studiengemeinschaft, Heidelberg, Deutschland
E-Mail: ines-jacqueline.werkner@fest-heidelberg.de

© Der/die Autor(en), exklusiv lizenziert an Springer Fachmedien Wiesbaden GmbH, ein Teil von Springer Nature 2025
I.-J. Werkner und A. Löw (Hrsg.), *Sicherheits- und verteidigungspolitische Neujustierungen*, Gerechter Frieden, https://doi.org/10.1007/978-3-658-47448-5_3

Krisenbewältigung bestimmen die Grundlage der neuen Struktur der Bundeswehr" (BMVg 2011, S. 27). Dagegen konstatieren die jüngsten Verteidigungspolitischen Richtlinien im Lichte des völkerrechtswidrigen russischen Angriffskrieges gegen die Ukraine gleich zu Beginn: „Ein Leben in Frieden und Freiheit ist in der Mitte Europas keine Selbstverständlichkeit mehr" (BMVg 2023, S. 9). Gefordert wird eine „voll ausgestattete sowie dauerhaft und jederzeit einsatz- und kampfbereite Bundeswehr" (BMVg 2023, S. 9). Die postulierte Stärkung der Verteidigungs- und Bündnisfähigkeit beinhaltet unter anderem die Befähigung Deutschlands zur militärischen Abschreckung – als „Leuchtturmprojekt der Zeitenwende" (BMVg 2023, S. 13) wird hier die Aufstellung der Kampftruppenbrigade in Litauen genannt –, die Teilhabe an glaubhafter nuklearer Abschreckung, den Ausbau robuster und gesicherter rüstungsindustrieller Kapazitäten sowie den Ausbau der Gesamtverteidigung und der Resilienz einschließlich des Schutzes verteidigungswichtiger und kritischer Infrastruktur (Vgl. BMVg 2023, S. 13 f.). Damit verkehren sich die Prioritäten: „Kernauftrag ist die zeitgemäße Landes- und Bündnisverteidigung; alle weiteren Aufträge und Aufgaben sind dieser nachgeordnet" (BMVg 2023, S. 17). Letzteres betrifft auch das internationale Krisen- und Konfliktmanagement. Konkret umfasst der Kernauftrag der Bundeswehr:

- „Maßnahmen zur Abschreckung potenzieller Gegner sowohl auf deutschem Hoheitsgebiet als auch im Bündnisgebiet in allen Dimensionen;
- Verteidigungsaufgaben auf deutschem Hoheitsgebiet einschließlich der nationalen territorialen Verteidigung;
- Verteidigung gegen Angriffe auf das Hoheitsgebiet von Bündnispartnern;
- Verteidigung gegen terroristische und hybride Bedrohungen;
- Festigung der transatlantischen und europäischen Verteidigungsfähigkeit" (BMVg 2023, S. 17).

Diese kurze Darstellung steht exemplarisch für die zentrale Stoßrichtung der neuen Verteidigungspolitischen Richtlinien. Ihr strategischer Rahmen, die Refokussierung der Bundeswehr auf die Landes- und Bündnisverteidigung, dürfte angesichts des Ukrainekrieges unangefochten sein. Wie verhält es sich aber mit den sich daraus ableitenden sicherheits- und verteidigungspolitischen Zielsetzungen und Forderungen? Folgend sollen fünf Thesen zur Diskussion gestellt werden. Diese stellen nicht die Grundausrichtung der Verteidigungspolitischen Richtlinien infrage, sie sollen aber auf kritische Punkte verweisen. Dabei verorten sich die ersten drei Thesen auf der Makroebene; sie beinhalten grundlegende Fragestellungen der Stellung Deutschlands im internationalen Zusammenhang. Die folgenden Thesen zielen auf die Mesoebene und damit auf die Ebene der praktischen Umsetzung innerhalb der Bundeswehr.

2 Fünf Thesen zur Diskussion

These 1: Der Terminus einer „kriegstüchtigen Bundeswehr" ist friedenspolitisch nicht haltbar.
Bereits zehn Tage vor Veröffentlichung der Verteidigungspolitischen Richtlinien konstatierte Boris Pistorius im ZDF (2023):

> „Wir müssen uns wieder an den Gedanken gewöhnen, dass die Gefahr eines Krieges in Europa drohen könnte. Und das heißt: Wir müssen kriegstüchtig werden, wir müssen wehrhaft sein und die Bundeswehr und die Gesellschaft dafür aufstellen."

Die Forderung nach einer „kriegstüchtigen Bundeswehr" war durchaus öffentlichkeits- und medienwirksam. Im Deutschlandfunk hieß es beispielsweise, es sei „das richtige Wort zur Unzeit". Diese drastische Wortwahl des Verteidigungsministers katapultiere – so der Deutschlandfunk weiter – „die Deutschen aus der Komfortzone der vergangenen friedlichen Jahre. Es hat dieses beunruhigende ‚kriegstüchtig' bewusst dem leichter verdaulichen ‚verteidigungsfähig' entgegengestellt und damit einen Streit entfacht, der nötig ist und unabhängig vom Ergebnis zwei Dinge bewirkt: die sicherheitspolitische Neuorientierung Deutschlands und eine bessere Bundeswehr" (Schmiester 2023).

Genau das war mit dieser Wortwahl vermutlich auch die Absicht des Verteidigungsministers. Was aber konkret heißt kriegstüchtig? In den Verteidigungspolitischen Richtlinien heißt es hierzu:

> „Das bedeutet, dass ihr Personal und ihre Ausstattung auf die Wahrnehmung ihrer fordernden Aufträge ausgerichtet sind. Maßstab hierfür ist jederzeit die Bereitschaft zum Kampf mit dem Anspruch auf Erfolg im hochintensiven Gefecht" (BMVg 2023, S. 9).

In ähnlicher Weise formuliert es Carsten Breuer, der Generalinspekteur der Bundeswehr:

> „Kriegstüchtigkeit bedeutet für mich dabei viel mehr als materielle und personelle Einsatzbereitschaft. Diese beiden Faktoren sind ohne Frage wichtig. Von entscheidender Bedeutung ist jedoch die aller Einsatzbereitschaft zugrunde liegende Kampfmoral. ‚Kämpfen können, um nicht kämpfen zu müssen' – ein Grundsatz des Kalten Krieges – ist in der Zeitenwende nicht mehr ausreichend. Wir müssen gewinnen wollen – weil wir gewinnen müssen" (Zentrum Innere Führung 2023, S. 6).

Drei Faktoren erweisen sich in dieser Definition als zentral: materielle Ressourcen, personelle Ressourcen und die Kampfmoral. Insbesondere bei Letzterem, der Kampfmoral, erfordere die Zeitenwende einen Wandel: Sie ist auszurichten auf das Szenario „des Kampfes gegen einen mindestens ebenbürtigen Gegner" und diesen Kampf gelte es zu gewinnen (BMVg 2023, S. 27).

Diese Wortwahl wie auch der Terminus der Kriegstüchtigkeit implizieren aber – wenn man auf den Kriegsbegriff rekurriert – noch mehr und genau darin liegt das Problem: Nach Clausewitz besteht ein Krieg aus Angriff und Verteidigung. Vor diesem Hintergrund macht es einen Unterschied, ob man von Kriegstüchtigkeit oder Verteidigungsfähigkeit spricht. Krieg ist der umfassendere Begriff, dieser schließt stets auch den Angriff mit ein. Das heißt die Konnotation ist eine völlig andere. Das genau ist es, was auch Heribert Prantl (2023) in der Süddeutschen Zeitung kritisierte:

> „Das Wort Kriegstüchtigkeit aktiviert und optimiert alte Denk- und Verhaltensmuster, es führt zu einem positiven Bild vom Krieg, es bricht der ständigen Aufrüstung Bahn und behauptet, das sei ‚tüchtig'."

Gegen die Mobilisierung einer „Kriegstüchtigkeit" hat sich jüngst auch Jürgen Habermas gewendet:

> „Was mich in Deutschland an den Reaktionen auf die völkerrechtswidrige Invasion der Ukraine von Anfang an beunruhigt hat, ist natürlich nicht die spontane und entschiedene Parteinahme gegen den brutalen Aggressor, sondern der anhaltende rhetorische Rückfall in eine bellizistische Mentalität" (Habermas 2024, S. 149).

Das Plädoyer wäre hier, sprachlich zu deeskalieren – gerade in der Zeit, in der wir uns heute befinden. Es muss um eine Verteidigungsfähigkeit der Bundeswehr gehen, nicht um eine Kriegstüchtigkeit. Der von politischen Akteuren praktizierte bellizistische Diskurs ist letztlich wenig hilfreich. Vielmehr ist er Ausdruck dessen, dass sich – so Habermas (2024, S. 150) – „die Politik und die Gesinnung der ratlosen Eliten im Westen immer weiter aufs Militärische verengt [haben]". Damit einher geht eine „Perspektivlosigkeit, mit der sich der Westen ohne eigene Initiativen den im Kalten Krieg eingeübten Reflexen überlässt" (Habermas 2024, S. 150).

These 2: Die verteidigungspolitische Standortbestimmung lässt europäische Sensibilitäten vermissen.
Im Hinblick auf die militärische Rolle Deutschlands in Europa heißt es in den Verteidigungspolitischen Richtlinien: „Als geografisch zentrales und wirtschaftlich leistungsfähiges Land in der Mitte Europas ist Deutschland das Rückgrat für die kollektive Verteidigung in Europa" (BMVg 2023, S. 10). Dieses neue deutsche Selbstbewusstsein könnte bei einigen europäischen Partnern durchaus Irritationen auslösen. Würde beispielsweise Frankreich die militärische Rolle Deutschlands auch so definieren?

An dieser Stelle nur ein kurzer Exkurs: Frankreich ist mit 68 Mio. Einwohnerinnen und Einwohnern zwar bevölkerungsmäßig kleiner als Deutschland, besitzt aber mit 208.000 Soldatinnen und Soldaten größere Streitkräfte. Unter den Mitgliedsstaaten der Europäischen Union ist Frankreich das einzige ständige Mitglied im UN-Sicherheitsrat und das einzige Land, das über Atomwaffen verfügt. Zudem hat Frankreich eine Vielzahl von Überseegebieten, die es zu einem weltweiten Akteur mit einer Präsenz in allen Regionen der Welt macht. Und auch innerhalb der EU ist Frankreich ein wesentlicher Motor der europäischen Integration, gerade auch im verteidigungspolitischen Bereich (z. B. bei der Einrichtung des Europäischen Verteidigungsfonds, bei der Annahme des Strategischen Kompasses der EU oder auch bei der Priorisierung französischer Rüstungsexporte nach Europa) (Vgl. Bellais und Nicolas 2023, S. 6 f.).

Woher also resultiert der Anspruch in den Verteidigungspolitischen Richtlinien, Rückgrat für die kollektive Verteidigung in Europa zu sein? Vielmehr scheint er auch für die sich verschlechternden deutsch-französischen Beziehungen zu stehen. Zwar befürwortet Frankreich ein stärkeres deutsches Engagement, versteht das deutsche Selbstverständnis von der Bundeswehr als stärkste konventionelle Armee in Europa aber auch als Konkurrenz, als ein „implizites Infragestellen des eigenen Führungsanspruchs" (Arnold und Major 2024, S. 7). Diese Dissonanzen sind gerade in der heutigen Zeit hoch problematisch. So konstatieren auch Sven Arnold und Claudia Major (2024, S. 8): „Denn wenn Paris und Berlin sich nicht einig sind, gelingt wenig Fortschritt auf EU-Ebene. Vielmehr droht eine politische Fragmentierung, die Europa schwächt." Wichtiger wäre es gewesen, die strategischen Überlegungen stärker mit denen der europäischen Partner – und insbesondere mit denen der großen europäischen Akteure – zu harmonisieren und zu koordinieren.

These 3: Die Verteidigungspolitischen Richtlinien differenzieren nicht zwischen der Landes- und Bündnisverteidigung und der individuellen und kollektiven Selbstverteidigung.
Gehen die Verteidigungspolitischen Richtlinien, was den Terminus der Kriegstüchtigkeit oder auch die verteidigungspolitische

Standortbestimmung anbelangt, zu weit, greifen sie bei der alleinigen Fokussierung auf die Landes- und Bündnisverteidigung zu kurz. Das zeigt sich insbesondere im Lichte des Ukrainekrieges. Es geht nicht mehr nur um Landes- und Bündnisverteidigung im engeren Sinne, sondern vielmehr um individuelle und kollektive Selbstverteidigung nach Art. 51 UN-Charta. Entsprechend heißt es in diesem Artikel:

> „Diese Charta beeinträchtigt im Falle eines bewaffneten Angriffs gegen ein Mitglied der Vereinten Nationen keineswegs das naturgegebene Recht zur individuellen oder kollektiven Selbstverteidigung, bis der Sicherheitsrat die zur Wahrung des Weltfriedens und der internationalen Sicherheit erforderlichen Maßnahmen getroffen hat. […]"

Dieses Recht auf individuelle und insbesondere auf kollektive Selbstverteidigung kann weitaus mehr umfassen; und die Verteidigungspolitischen Richtlinien wären der Ort gewesen, dieses ‚mehr' auszuführen. Bislang läuft die militärische Unterstützung der Ukraine unterhalb der Schwelle der kollektiven Selbstverteidigung – vielmehr gilt sie als Unterstützung der Ukraine bei der Ausübung ihres individuellen Selbstverteidigungsrechts (Vgl. Kreß 2022). Diese Konstellation könnte sich aber ändern, wenn Truppen der NATO oder einer „Koalition der Willigen" in Betracht gezogen werden. Nicht nur der französische Präsident Emmanuel Macron hat diese Option ins Spiel gebracht, die Debatte ist inzwischen auch in Deutschland angekommen. So konstatierte jüngst der Politikwissenschaftler der Universität der Bundeswehr in München Carlo Masala im Lichte der Ergebnisse der US-amerikanischen Wahlen im November 2024: „Wir brauchen eine Rückfalloption für den Fall, dass die USA ihre Waffenlieferungen an die Ukraine einstellen". Dabei gehe es – so Masala (zit. nach ZDF 2024) – um eine „Koalition der Willigen, die im Zweifel auch bereit ist, Bodentruppen in die Ukraine zu entsenden". Die Verteidigungspolitischen Richtlinien bleiben hier eine Antwort schuldig. Dabei kam die Debatte nicht überraschend. Dass der Ukraine nicht nur Waffen und Munition fehlen, sondern zunehmend auch militärisches Personal, war absehbar. Die Verteidigungspolitischen Richtlinien hätten hier eine strategische

Kursbestimmung vornehmen und die Frage, ob die Bundeswehr auch für die kollektive Selbstverteidigung außerhalb des Bündnisgebietes vorgesehen ist, dezidert mit aufnehmen müssen.

These 4: Das Zwei-Prozent-Ziel stellt ein plakatives und sachfremdes Argument dar.
Neben den obigen eher grundsätzlichen Anfragen an die Verteidigungspolitischen Richtlinien lassen sich auch kritische Fragen im Hinblick auf die strategisch-konzeptionelle Umsetzung in Anschlag bringen. Ein Beispiel hierfür ist das Zwei-Prozent-Ziel. Dieses wurde 2014 auf dem NATO-Gipfel in Wales beschlossen. Die Mitgliedsstaaten verpflichteten sich dort, ihre Ausgaben für die Verteidigung innerhalb der nächsten zehn Jahre auf mindestens zwei Prozent des Bruttoinlandproduktes anzuheben. Diese Vorgabe wurde, nachdem sie zunächst in die Nationale Sicherheitsstrategie aufgenommen wurde, auch in die Verteidigungspolitischen Richtlinien übernommen:

„Dabei steht fest, dass mindestens 2 % des Bruttoinlandproduktes erforderlich sind, um die benötigten Fähigkeiten für eine verteidigungs- und bündnisfähige Bundeswehr bereitstellen zu können" (BMVg 2023, S. 23).

Dass die Verteidigungsfähigkeit der Bundeswehr gestärkt werden muss, ist unbestritten. Dieser willkürlich gewählte Richtwert sagt jedoch nichts über die benötigten Ressourcen der Bundeswehr aus. Gerade in Zeiten, in denen Krieg in Europa herrscht und Verteidigung eine durchaus existenzielle Dimension annimmt – wie es die Verteidigungspolitischen Richtlinien ja auch anmerken –, müssen inhaltliche Vorgaben prioritär sein: Welche Fähigkeiten muss die Bundeswehr besitzen, um Deutschland verteidigen zu können? Wie muss die Bundeswehr dafür ausgestattet sein? Und welche finanziellen Mittel sind dafür notwendig und im Bundeshaushalt zu berücksichtigen? Diese Differenzierungen fehlen in den Verteidigungspolitischen Richtlinien. Man hätte bereits beim Verfassen dieser Richtlinien erkennen können, dass das Zwei-Prozent-Ziel sich schnell überholt.

Hinzu kommt – als ein ganz praktisches Beispiel, das gegen die unterschiedslose Übernahme dieses sachfremden Richtwerts spricht – die nicht zu vergleichenden Personalkosten innerhalb der NATO-Staaten. Diesbezüglich muss auch in Rechnung gestellt werden, dass Deutschland seine Streitkräfte von 1990 bis heute von knapp 700.000 auf 181.000 Soldatinnen und Soldaten reduziert hat, das heißt ein hoher Anteil der Verteidigungsausgaben geht in Pensionszahlungen und steht für die Verteidigung gar nicht zur Verfügung. Das alles lässt das Zwei-Prozent-Ziel unberücksichtigt.

These 5: Die Verteidigungspolitischen Richtlinien hätten konkrete Wege der notwendigen Personalgewinnung aufzeigen müssen.
Für die Verteidigungsfähigkeit der Bundeswehr sind ebenso entsprechende personelle Ressourcen unabdingbar. Die Verteidigungspolitischen Richtlinien konstatieren zwar: „Das Erreichen der erforderlichen personellen Zielumfänge wird auf absehbare Zeit eine der zentralen Herausforderungen der Bundeswehr sein" (BMVg 2023, S. 28). Die folgenden Ausführungen lassen aber weitgehend unbestimmt, wie diese erreicht werden können. Auch die „Vielzahl an Maßnahmen" (BMVg 2023, S. 28), von denen gesprochen wird, lassen Konkretionen vermissen.

Das wäre aber nötig gewesen: Denn bis 2027 soll der Umfang der Streitkräfte auf 203.000 Soldatinnen und Soldaten anwachsen; weitere Umfangssteigerungen sind zu erwarten; hinzu kommt die personelle Aufwuchsfähigkeit durch die Reserve. Schon das erste Ziel wird bei den aktuellen Bewerberzahlen kaum gelingen, zumal der Ukrainekrieg die Bewerberzahlen noch sinken lässt (Vgl. Werkner 2023, S. 94 ff.). Hier klafft eine deutliche Lücke zwischen der von Pistorius geforderten „Kriegstüchtigkeit" der Bundeswehr und ihren personellen Ressourcen. Selbst der Vorschlag von Pistorius ein Jahr nach Veröffentlichung der Verteidigungspolitischen Richtlinien lässt eine Lösung des Personalproblems vermissen. Zwar sieht dieser Vorschlag inzwischen eine verpflichtende Erfassung von männlichen Personen, die im wehrdienstfähigen Alter sind, vor (für Frauen ist diese Wehrerfassung freiwillig), der Wehrdienst bleibt aber nach wie vor freiwillig. Das dürfte zur Erreichung höherer Streitkräfteumfänge nicht ausreichen. Letztlich wird man kaum umhinkommen, für das Ziel einer verteidigungsfähigen Bundeswehr eine wie auch immer geartete Wehrpflicht einzuführen.

3 Fazit

Das Verteidigungsministerium schreibt den Richtungswechsel, der bereits 2014 mit der russischen Annexion der Krim einsetzte, gezielt fort. Nach dem Weißbuch zur Sicherheitspolitik und zur Zukunft der Bundeswehr (2016), der Konzeption der Bundeswehr (2018), der Strategie der Reserve (2019) und den Eckpunkten für die Bundeswehr der Zukunft (2021) setzen auch die neuen Verteidigungspolitischen Richtlinien im Lichte der Zeitenwende auf „eine konsequente Fokussierung der Bundeswehr auf die Landes- und Bündnisverteidigung" (BMVg 2023, S. 9).

Angesichts des russischen Angriffskrieges gegen die Ukraine und der damit verbundenen Rückkehr des zwischenstaatlichen Krieges in Europa ist diese Ausrichtung folgerichtig. Das erfordert eine robuste Verteidigungsfähigkeit, das heißt eine erhöhte Einsatz- und Abschreckungsfähigkeit, jedoch keine ‚kriegstüchtige Bundeswehr'. Letzteres impliziert – wie an obiger Stelle bereits ausgeführt – weitaus mehr als die Fähigkeit und Bereitschaft zur Landes- und Bündnisverteidigung. Zielführender wäre es dagegen gewesen, die für die Neuausrichtung notwendige Wehrhaftigkeit stärker als eine gesamtgesellschaftliche Aufgabe in den Verteidigungspolitischen Richtlinien darzustellen und auszuführen. Das hätte beispielsweise mit Aussagen zur Wiedereinführung einer – wenn auch nur selektiven – Wehrpflicht einhergehen können.

Ein zweiter Blick richtet sich auf das Selbstverständnis der Zeitenwende. Diese sei – so eine Kritik – „bislang vor allem national und transatlantisch, weniger deutsch-französisch und europäisch" (Arnold und Major 2024, S. 7). In der Tat finden sich in den Verteidigungspolitischen Richtlinien nur wenige Anhaltspunkte, welche Schwerpunkte und militärische Kooperationen angesichts der aktuellen sicherheits- und verteidigungspolitischen

Herausforderungen auf europäischer Ebene gesetzt werden. Gerade die deutsch-französische Zusammenarbeit ist für ein starkes Europa unverzichtbar. Im Lichte der zweiten US-amerikanischen Präsidentschaft von Donald Trump könnte sich dies als schweres Versäumnis erweisen.

Literatur

Arnold, Sven und Claudia Major. 2024. *Frankreichs disruptive Zeitenwende. Paris und Berlin stellen sich sicherheitspolitisch neu auf – die bilateralen Divergenzen nehmen zu.* Berlin: Stiftung Wissenschaft und Politik.
Bellais, Renaud und Axel Nicolas. 2023. *Die Verteidigungspolitik nach der „Zeitenwende". Der französische Ansatz.* Paris: Friedrich-Ebert-Stiftung.
Breuer, Carsten. 2023. Geleitwort. In *Handbuch Innere Führung*, Hrsg. vom Zentrum Innere Führung, 6–7. Koblenz: Zentrum Innere Führung.
Bundesministerium der Verteidigung (BMVg). 2011. *Verteidigungspolitische Richtlinien. Nationale Interessen wahren – Internationale Verantwortung übernehmen – Sicherheit gemeinsam gestalten.* Berlin: BMVg.
Bundesministerium der Verteidigung (BMVg). 2016. *Weißbuch zur Sicherheitspolitik und zur Zukunft der Bundeswehr.* Berlin: BMVg.
Bundesministerium der Verteidigung (BMVg). 2018. *Die Konzeption der Bundeswehr. Ausgewählte Grundlinien der Gesamtkonzeption.* Berlin: BMVg.
Bundesministerium der Verteidigung (BMVg). 2019. *Strategie der Reserve 2019. Vision Reserve 2032+.* Berlin: BMVg.
Bundesministerium der Verteidigung (BMVg). 2021. *Eckpunkte für die Bundeswehr.* Berlin: BMVg.
Bundesministerium der Verteidigung (BMVg). 2023. *Verteidigungspolitische Richtlinien 2023.* Berlin: BMVg.
Habermas, Jürgen. 2024. *„Es müsste etwas besser werden …". Gespräche mit Stefan Müller-Doohm und Roma Yos.* Berlin: Suhrkamp.
Kreß, Claus. 2022. Krieg in der Ukraine. Völkerrechtler: „Aggressor darf nicht belohnt werden". Interview, geführt von Christoph Heinemann. https://www.deutschlandfunk.de/interview-kress-100.html. Zugegriffen: 29. Mai 2024.
Prantl, Heribert. 2023. Friedenstüchtig. Kolumne in der Süddeutschen Zeitung vom 9. November 2023. https://www.sueddeutsche.de/meinung/pistorius-kriegstuechtig-verteidigung-ukraine-putin-kommentar-1.6300507?reduced=true. Zugegriffen: 29. Mai 2024.

Schmiester, Carsten. 2023. Kommentar zu Pistorius. „Kriegstüchtig" ist das richtige Wort zur Unzeit. https://www.deutschlandfunk.de/boris-pistorius-kriegstuechtig-100.html. Zugegriffen: 29. Mai 2024.

Werkner, Ines-Jacqueline. 2023. *Die Bundeswehr im neuen Modus der Landes- und Bündnisverteidigung – Wehrpflicht revisited?* Baden-Baden: Nomos.

ZDF. 2023. Pistorius: „Wir müssen kriegstüchtig werden". https://www.zdf.de/politik/berlin-direkt/pistorius-wir-muessen-kriegstuechtig-werden-berlin-direkt-100.html. Zugegriffen: 29. Mai 2024.

ZDF. 2024. Militärexperte Masala. Europäische Bodentruppen für die Ukraine? https://zdf.de/nachrichten/politik/ausland/masala-militaerexperte-bodentruppen-ukraine-entsendung-100.html. Zugegriffen: 13. Dez. 2024.

Trump 2.0 – transatlantische und geopolitische Perspektiven

Sven Bernhard Gareis

1 Einleitung

Mit den Wahlen am 5. November 2024 bescherten die Wählerinnen und Wähler Donald Trump und der von ihm beherrschten Republikanischen Partei einen klaren Sieg gegen die amtierende demokratische Vizepräsidentin Kamala Harris: Er konnte alle sieben umkämpften *swing states* (Arizona, Georgia, Michigan, Nevada, North Carolina, Pennsylvania, Wisconsin) erobern und sich mit 312 zu 226 Stimmen eine deutliche Mehrheit im *electoral college*, dem Wahlleutegremium, sichern. Anders als bei seiner ersten Wahl 2016 erhielt Trump auch die *popular vote*, also die Mehrheit aller abgegebenen Stimmen. Mit dem Gewinn von fünf zuvor von Demokraten gehaltenen Sitzen sicherten sich die Republikaner die Kontrolle des Senats (53 zu 47 Sitze), zudem konnten sie ihre schon seit den Halbzeitwahlen 2022 bestehende Mehrheit im Repräsentantenhaus verteidigen (220 zu 215 Sitze; zu den Ergebnissen Vgl. Associated Press 2024).

Sein Amt als 47. Präsident der Vereinigten Staaten wird Trump am 20. Januar 2025 also mit einer großen Machtfülle antreten.

S. B. Gareis (✉)
Heidgraben, Deutschland
E-Mail: sven.gareis@uni-muenster.de

© Der/die Autor(en), exklusiv lizenziert an Springer Fachmedien Wiesbaden GmbH, ein Teil von Springer Nature 2025
I.-J. Werkner und A. Löw (Hrsg.), *Sicherheits- und verteidigungspolitische Neujustierungen,* Gerechter Frieden,
https://doi.org/10.1007/978-3-658-47448-5_4

Ebenfalls anders als 2016 tut er dies mit gründlicher Vorbereitung und einer großen Schar absoluter Loyalistinnen und Loyalisten, die er für Schlüsselpositionen ausgewählt und unmittelbar nach der Wahl auch zu nominieren begonnen hat. Die ersten beiden Jahre nach seinem Amtsantritt dürften so zu weitreichenden Veränderungen in Politik und Gesellschaft in den USA, aber auch für deren Rolle in der Welt sowie die globale Ordnung insgesamt, führen – und Trump selbst dürfte als „highly consequential president" (Cooper 2024) in die Geschichte eingehen.

Wenngleich es schwierig ist, zwischen Wahltag und Amtsantritt Verlässliches über künftige Politik einer so unberechenbaren Persönlichkeit wie Donald Trump auszusagen, wird es im Folgenden aber doch unternommen, Perspektiven für die transatlantischen Beziehungen wie auch für geopolitische Szenarien in Osteuropa, dem Nahen und Mittleren Osten sowie Ostasien aufzuzeigen und ihre möglichen Folgen für Deutschland und Europa zu diskutieren. Immerhin gibt es hierfür mit den Erfahrungen aus seiner ersten Amtszeit, der besseren Kenntnis seiner Persönlichkeitsstruktur, seiner strikten *America-First*-Orientierung, seinem Hang zur Autokratie und nicht zuletzt seinem Bestreben, immer als bester *deal-maker* dazustehen, einige Anhaltspunkte.

2 Weltpolitischer Rahmen

Trumps neuerlicher Wahlsieg fällt in eine anhaltende Übergangsphase der Weltpolitik, in die Entstehung einer neuen multizentrischen Ordnung, deren Struktur noch weitgehend unklar ist und deren grundlegende Regeln noch ausgehandelt werden müssen (Vgl. Gareis 2021, S. 83 f.). Zwar liegt mit der Charta der Vereinten Nationen ein Regelwerk mit globaler Gültigkeit vor, doch kann das mit dessen politik-praktischer Umsetzung vorrangig beauftragte Gremium, der UN-Sicherheitsrat, seine Verantwortlichkeiten nur in sehr eingeschränkter Weise wahrnehmen. Vielmehr gestaltet sich die internationale Krisen- und Konfliktbewältigung aufgrund von fundamentalen Interessensunterschieden zwischen seinen fünf Ständigen Mitgliedern immer schwieriger bis unmöglich. Dies zeigen eindrücklich die Situationen in

Osteuropa, hier insbesondere der russische Angriffskrieg auf die Ukraine, verbunden mit Moskaus nuklearen Drohungen an den Westen, oder im Mittleren Osten mit den Kriegen in Gaza und Libanon. Aber auch in Ostasien ist die Eskalation hin zu einem heißen Großmächtekonflikt zwischen den USA und China keineswegs ausgeschlossen, etwa wenn sich die Volksrepublik China zu einer militärischen Einnahme Taiwans entschließen sollte. Es besteht wenig Hoffnung, dass die Phase zunehmender Gewaltkonflikte schnell zu einem Ende gelangen und sich zwischen den beteiligten (Groß)Mächten eine Bereitschaft zur gemeinsamen Arbeit an der Stabilisierung und Befriedung der Situationen in den betroffenen Regionen, geschweige denn im globalen Maßstab, einstellen kann.

Die vielfältigen Herausforderungen und Gefahren der gegenwärtigen Weltlage bestehen auch unter der künftigen Trump-Administration fort und verlangen entschlossenes Handeln der USA, im eigenen Interesse wie auch als westliche Führungsmacht. Gerade in dieser Hinsicht erweist sich der klare Wahlsieg Trumps zunächst als vorteilhaft, weil Befürchtungen vor einer möglicherweise in großflächige Gewalt umschlagenden innenpolitischen Krise im Falle eines knappen Wahlausgangs oder einer Niederlage Trumps nicht eingetreten sind. Statt sich in langen inneren Konflikten selbst zu lähmen, werden die USA ab dem 20. Januar 2025 mit einer von Beginn an uneingeschränkt handlungsfähigen Regierung ausgestattet sein – abzuwarten bleibt indes, wie Präsident Donald Trump diese dann wahrnehmen wird.

Allerdings gilt es auch zu bedenken, dass die weltpolitische Rolle der USA und des mit ihr verbundenen freiheitlich-demokratischen Lagers keine Stärkung erfahren dürfte. International werden die USA noch weniger als Vorbild einer freiheitlichen Demokratie wahrgenommen, wenn Trump, besser vorbereitet als bei seiner ersten Amtszeit, mit seinem offen angekündigten und größeren Zerstörungswillen gegenüber den US-Institutionen ins Weiße Haus zurückkehrt. Als mögliche Grundlage für das Handeln der neuen Administration unter Donald Trump gilt das von der nationalistischen *Heritage Foundation* geführte sowie von über einhundert weiteren konservativen Organisationen getragene *Project2025/Presidential Transition Project*, das anstrebt, „to take down the Deep State and return the government to the people" (Project 2025), und das hierzu eine starke Bündelung staatlicher Macht in der Hand eines konservativen Präsidenten vorschlägt. Die Vorgehensweise von Tag Eins, der Inauguration am 20. Januar 2025, an ist im *Playbook „Mandate for Leadership: The Conservative Promise"* (Vgl. Project 2025) durch rund 400 Autorinnen und Autoren niedergelegt.

Aus Sicht Beijings und Moskaus wäre dies wohl eine nicht unattraktive Perspektive, weil sich mit dem Sieg Trumps auch das autokratische Lager in der Weltpolitik gestärkt sehen kann. Dessen Protagonisten Xi Jinping, Wladimir Putin oder Kim Jong-un hat Trump zu Zeiten seiner ersten Präsidentschaft offene Sympathien entgegengebracht. Andererseits wäre Trump mit seinem erratischen Politikstil jedoch auch ein deutlich weniger berechenbarer Akteur.

Seine starke Neigung zu transaktionaler Politik in Verbindung mit seiner *America-First*-Ideologie hätte alles Potenzial, Verbündete weltweit zu irritieren oder zu verstören. Der von ihm in seiner ersten Amtszeit begonnene – und auch unter Joseph Biden verfolgte – Trend zu einem größeren wirtschaftlichen Protektionismus würde fortgesetzt, der Welthandel weiter beeinträchtigt und die Fragmentierung der internationalen Beziehungen in konkurrierende Machtzentren mit eigenen regional- und geopolitischen Ordnungsansprüchen verstärkt werden. Eine fortschreitende Erosion der Rolle der USA als globaler Ordnungsmacht könnte den weiteren Machtzuwachs insbesondere Chinas begünstigen, welches bereits seit geraumer Zeit Vakua ausfüllt, die der (temporäre) Rückzug der USA aus multilateralen Arrangements wie der Trans-Pazifischen Partnerschaft (TPP) oder Sonderorganisationen der Vereinten Nationen (UNESCO, Weltgesundheitsorganisation) sowie ihr zurückgehender Einfluss im sogenannten Globalen Süden eröffnet haben.

3 Transatlantische Beziehungen

Die NATO als westliches Verteidigungsbündnis stellt sich in der Folge des 2014 begonnenen und seit dem 24. Februar 2022 umfassend geführten russischen Angriffskrieges gegen die Ukraine geeinter und stärker dar als noch vor wenigen Jahren. Mit Finnland und Schweden sind zwei weitere EU-Mitglieder der Allianz beigetreten. Die beiden Länder verstärken damit den europäischen Pfeiler der NATO, vor allem aber deren militärische Leistungsfähigkeit in Nordeuropa und im Ostseeraum. Mit ihrem 2022 auf dem Gipfel in Madrid verabschiedeten Strategischen Konzept hat die NATO ihre Kernaufgaben adjustiert und den Schwerpunkt auf Abschreckung und Verteidigung gelegt (Vgl. NATO 2022) und ein neues Streitkräftekonzept (*New Force Model*) beschlossen, mit dem die Mitgliedsstaaten die Einsatzbereitschaft ihrer Kräfte verbessern sollen (Vgl. Deni 2024). Seit dem Gipfel in Vilnius 2023 vollzieht sich die Ausplanung ihrer Regionalen Verteidigungspläne (*Regional Defence Plans*; Vgl. Loorents 2024). Vor allem aber haben die NATO-Mitglieder durch deutlich gesteigerte Investitionen in Militär und Rüstung ihre Fähigkeiten zu Abschreckung und Verteidigung im Rahmen des Bündnisses weiter ausgebaut. 2024 erreichten zwei Drittel der 32 NATO-Staaten das seit 2014 vereinbarte Ziel, je zwei Prozent ihres Bruttoinlandsproduktes für die Verteidigung aufzubringen (Vgl. ZDF 2024).

Hierzu hat auch eine insgesamt klare und kluge Führung der USA unter Präsident Biden beigetragen. Wesentlich dabei war die Bereitschaft der USA, ihre Verbündeten als Partner auf Augenhöhe wahrzunehmen und anzuerkennen, dass die Weltmachtstellung der USA vor allem auf ihrer Fähigkeit beruht, Bündnisse zu bilden und zu unterhalten. Demgegenüber hat Trump mit seinem disruptiven Politikstil bereits während seiner ersten Amtszeit keinen Hehl aus seiner Geringschätzung für die „obsolete" NATO gemacht und die Allianz als eine Art Schutzgeldring wahrgenommen. Im Vorwahlkampf 2024 löste er große Besorgnis unter den Verbündeten aus, als er erklärte, säumige Alliierte nicht nur nicht zu verteidigen, sondern Russland sogar noch zu ermutigen: „in fact, I would encourage them to do whatever the hell they want. You got to pay. You got to pay your bills" (Sullivan 2024).

Auch wenn sich an Trumps oft verächtlicher Haltung zu seinen Verbündeten kaum etwas ändern dürfte, erscheint ein Austritt aus der NATO wenig wahrscheinlich. Hierzu bräuchte er eine Zwei-Drittel-Mehrheit im Senat, die er kaum erreichen wird. Sehr viel wichtiger aber ist es, dass die auch unter seiner Führung möglicherweise isolationistischeren USA ihre Macht- und Sicherheitsinteressen nicht ohne ihre europäischen Verbündeten gewährleisten können. Gerade Deutschland bietet den USA mit der Luftwaffenbasis in Ramstein (*Ramstein Air Base*), dem größten Militärhospital außerhalb der USA in Landstuhl (*Landstuhl Regional Medical Center*), dem Europa-Kommando (EUCOM) und dem Afrika-Kommando (AFRICOM) in Stuttgart bewährte und sichere Standorte, die von entscheidender Bedeutung für die globale Machtprojektion der USA sind. Insgesamt halten sich in Deutschland rund 75.000 amerikanische Soldatinnen und Soldaten, Zivilbeschäftigte und Familienangehörige auf, die dort nicht in erster Linie Deutschland oder Europa verteidigen sollen, sondern zuvörderst amerikanischen Interessen dienen. Deutschland und die europäischen Verbündeten können gegenüber den USA auch in Trumps zweiter Amtszeit mit einigem Selbstbewusstsein als zuverlässige und wieder zunehmend stärkere Partner auftreten. So hat sich auch Marc Rutte, der seit dem 1. Oktober 2024 amtierende Generalsekretär der NATO und ehemalige niederländische Ministerpräsident, kurz nach der Wiederwahl Trumps mit ihm zum Austausch über globale Fragen getroffen (Vgl. NATO 2024). Rutte gilt als ein pragmatischer Politiker, der mit Trump umzugehen weiß.

Gleichwohl bleibt trotz aller Argumente für eine enge transatlantische Partnerschaft ungewiss, welchen Weg Trump letztlich gehen wird. Die Nominierung von Marco Rubio, Senator aus Florida, NATO-Befürworter und Unterstützer der Ukraine, als künftigem US-Außenminister kann als positives Zeichen in Richtung der Allianz verstanden werden (Vgl. Lindstaedt 2024). Dagegen könnten sich mit dem Amtsantritt des als Verteidigungsminister vorgesehenen Pete Hegseth, einem auch in den eigenen Reihen umstrittenen Moderator des Fernsehsenders FOX und ehemaligen Majors der Nationalgarde, der am 20. Januar 2021 als mutmaßlicher Extremist von der Absicherung der Inauguration von Präsident Joseph Biden ausgeschlossen wurde, wegen dessen grundlegender Skepsis gegenüber der NATO neue transatlantische Irritationen ergeben (Vgl. Schubert 2024).

Daher werden Deutschland und die europäischen Verbündeten nicht um intensivere Bemühungen für ihre eigene Sicherheit umhinkommen – schon aus eigenem Interesse. Angesichts der Abhängigkeiten von russischer Energie und dem Handel mit China ist in Europa die weitestgehende Abhängigkeit von den USA in Sicherheitsfragen immer in den Hintergrund getreten beziehungsweise wurde als gegeben wahrgenommen. Dabei hat Europa lange übersehen, welche geostrategischen Veränderungen sich auf der amerikanischen Seite mit dem *pivot to Asia* schon unter Barack Obama vollzogen haben (Vgl. Gareis und Wolf 2016). Größere sicherheitspolitische Leistungsfähigkeit erhöht die Attraktivität der Europäer als Alliierte der USA. Im Falle einer auch nur graduellen Abkehr der USA von Europa wären eigene Verteidigungskapazitäten umso notwendiger – und teurer.

4   Folgen für die Ukraine

Mit seiner am 24. Februar 2022 begonnenen neuerlichen und umfassenden Aggression gegen die Ukraine wollte Russlands Präsident Wladimir Putin sein Nachbarland binnen weniger Tage unterwerfen und in ein neues, größeres Imperium eingliedern. Nachdem dieser Versuch an der unerwartet gut vorbereiteten Verteidigung der Ukraine sowie der unprofessionellen Operationsführung der russischen Streitkräfte gescheitert war, wurden der Ukraine erhebliche finanzielle, materielle und ausbildungsbezogene Unterstützungsleistungen aus den Ländern des Westens zuteil, die bislang ihre Selbstverteidigung und damit ihr Überleben als Staat gesichert haben. Die USA engagieren sich dabei nicht nur als die mit Abstand größte Geberin dieser Leistungen, sondern auch als Koordinatorin der Hilfen zwischen ihren Verbündeten und Partnern, vor allem in der im April 2022 ins Leben gerufenen *Ukraine Defence Contact Group*, dem sogenannten Ramstein-Format (Vgl. BMVg 2024). Trotz erheblicher Unterstützung seitens vieler europäischer Staaten und der Entscheidung der Europäischen Union, im Rahmen ihrer Friedensfazilität auch selbst Ausrüstung und Waffen an die Ukraine zu liefern (Vgl. Europäischer Rat 2024), bleiben die USA die bedeutendste und unersetzliche Macht im zunehmend verzweifelten Verteidigungskrieg des Landes. Die Folgen ausbleibender US-Hilfen zeigten sich in den rund sechs Monate andauernden, erst gegen Ende April 2024 beendeten Blockaden im US-Kongress bezüglich der 61 Mrd. US-Dollar Unterstützungsleistungen durch die republikanische Partei (Vgl. Sabbagh 2024).

Während Präsident Joseph Biden der Ukraine einerseits massive, mit Blick auf den Einsatz weitreichender Waffen zur Bekämpfung russischer Stellungen in deren eigenen Land aber auch lange begrenzte und erst im Herbst 2024 erweiterte militärische Hilfen gewährte, blieben Trumps Positionen lange unklar. Er behauptete stets, dass der Krieg unter seiner Präsidentschaft nie ausgebrochen wäre, und dass er ihn im Falle seiner Wiederwahl noch vor Amtsantritt beenden könne, ohne dafür jedoch konkrete Schritte zu benennen. Mit der Nominierung von Keith Kellogg als US-Sondergesandter für die Ukraine und Russland, pensionierter Generalleutnant und kommissarischer Nationaler Sicherheitsberater während Trumps erster Präsidentschaft, zeichnet sich ein Ansatz ab, der auf ein Einfrieren des Konfliktes entlang der Frontlinien und damit die Hinnahme beträchtlicher Gebietsverluste sowie eine Absage an eine NATO-Mitgliedschaft hinausläuft. Zudem sollen sowohl die Ukraine als auch Russland durch Drohungen an den Verhandlungstisch gedrängt werden (Vgl. Walsh 2024). Tatsächlich könnte der Plan aber auf eine De-facto-Kapitulation der Ukraine hinauslaufen und Russland die Möglichkeit geben, seine Kräfte nach einem verlustreichen Krieg zu regenerieren, um in einigen Jahren erneut anzugreifen. In der Konsequenz könnte ein solcher Ansatz von „Deals" mit Russland über die kurze oder mittlere Frist das Ende der Ukraine als souveräner Staat herbeiführen. NATO-Staaten an der Ostflanke der Allianz wie Estland, Lettland oder Litauen, sowie weitere Länder wie Polen oder die EU-Beitrittskandidaten Georgien und Moldau würden sich dann einer noch stärkeren Bedrohung und Gefahr der Erpressung durch Russland ausgesetzt sehen.

5 Naher und Mittlerer Osten

Mit dem Sturz des Regimes von Bashar al-Assad in Syrien durch die islamistische Miliz Hayat Tahrir al-Sham (HTS) am 8. Dezember 2024 ist die Lage im Nahen und Mittleren Osten endgültig wieder zu einer Angelegenheit von geopolitischer Bedeutung geworden. Nachdem Israel zuvor schon mit den Kriegen gegen die Hamas in Gaza und gegen die Hisbollah im Libanon zwei wichtige Unterstützerinnen Irans schwerste Verluste sowie durch eigene Angriffe auch dem Iran schwere Schäden zugefügt hatte, fiel mit Assad der wichtigste regionale Verbündete der Islamischen Republik weg. Der Fall des Regimes war auch eine Niederlage Russlands, welches nun um seine militärische Präsenz in Syrien bangen und mit dem Rückgang seines Einflusses in der Region rechnen muss. Mit der Flucht der Assad-Familie nach Moskau ist Syrien zwar von einem mörderischen Regime befreit, die Konsequenzen des Umsturzes für das Land, die Region und schließlich die Welt sind aber Mitte Dezember 2024 noch völlig unabsehbar. In jedem Falle wird die Entwicklung in der Region eine dauerhafte Aufmerksamkeit der USA auch unter einem eher nach innen gewandten Präsidenten Trump binden (Vgl. Collinson 2024)

In den nach dem terroristischen Angriff der Hamas auf Israel wieder aufgeflammten Kriegen und Konflikten im Nahen und Mittleren Osten haben sich die USA unter Präsident Joseph Biden einerseits als Garant der Sicherheit Israels bewährt. Andererseits sind sie aber auch den unübersehbaren Bemühungen der Regierung Benjamin Netanjahus und ihrer in Teilen extremen Partner entgegengetreten, die einzige pluralistische und freiheitliche Demokratie in der Region schrittweise in eine Autokratie zu verwandeln. Mit seinem Insistieren auf der Einhaltung der grundlegenden Schutzverpflichtungen nach dem Humanitären Völkerrecht gegenüber der palästinensischen Zivilbevölkerung im Gaza-Streifen bei der israelischen Verteidigung nach dem Hamas-Angriff hat Biden auch die westliche Verantwortung für die stets hochgehaltene regelbasierte Weltordnung zum Ausdruck gebracht. Darüber hinaus setzte sich die Biden-Administration für eine Wiederbelebung der Bemühungen um eine Nachkriegsordnung ein, die auf ein friedliches Nebeneinander von Israelis und Palästinensern und damit auf eine einigermaßen gerechte Zwei-Staaten-Lösung als Ausweg aus dem Dauerkonflikt zielt.

Einen Vorschlag für einen palästinensischen Staat neben Israel hatte zwar auch Donald Trump im Januar 2020 unterbreitet (Vgl. The White House 2020), dieser enthielt allerdings weitreichende Beschränkungen der Souveränität eines solchen Gemeinwesens etwa durch die israelische Kontrolle von Grenzen, Luftraum und Küstengewässern oder auch die Festschreibung israelischer Siedlungen und die damit einhergehende Zersplitterung des palästinensischen Staatsgebietes. Wie sich die zweite Trump-Regierung den Herausforderungen im Nahen und Mittleren Osten stellen wird, ist auch nach seinen ersten Reaktionen auf den Umsturz in Syrien nur schwer abzuschätzen. Immerhin aber hat sein nominierter Berater für die Region, der aus dem Libanon stammende Geschäftsmann Massad Boulos, dargelegt, wie wichtig eine Roadmap hin zu einem palästinensischen Staat für die israelisch-saudischen Beziehungen sei. Zudem unterstrich er, dass Trumps Politik gegenüber dem Iran nicht auf einen Regimewechsel in Teheran ausgerichtet sei, sondern auf ein neues Nuklearabkommen (Vgl. Kampeas 2024).

6 Der indopazifische Raum und China

Der indopazifische Raum ist eine für die Entwicklung von Weltpolitik und -wirtschaft im 21. Jahrhundert gleichermaßen bedeutsame Region. Vor allem auf seiner pazifischen Seite sind Staaten und Volkswirtschaften eng miteinander verflochten, was neben beachtlichem ökonomischem Wachstum und Wohlstandsmehrung auch zu einer mehr als vier Jahrzehnte andauernden Periode ohne Kriege und einer insgesamt stabilen Sicherheitsordnung führte.

Mit der Volksrepublik China und Japan sind die zweit- sowie viertgrößte Volkswirtschaft in der Region ansässig; Südkorea und Taiwan sind ebenfalls global bedeutsam aufgestellte Akteure; in Südasien strebt Indien einer Position an der Weltspitze entgegen. Zugleich ist die Region aber auch Schauplatz zahlreicher Spannungen und Konflikte um Territorien, Ressourcen, Einfluss und Macht, unter denen die Großmächterivalität zwischen den USA und der Volksrepublik China die bedeutendste in der Region wie im globalen Maßstab darstellt.

Letztere war seit der Annäherung in den frühen 1970er Jahren immer durch Ambivalenz und gegenseitiges Misstrauen geprägt, obwohl beide Länder nach Beginn des chinesischen Reform- und Öffnungsprozesses insbesondere einen hohen Grad an ökonomischer Verflechtung und Interdependenz entwickelten. Mit Importen im Wert von mehr als 447,03 Mrd. US-Dollar waren die USA auch 2023 wieder Chinas wichtigster Kunde – vor der EU. Dagegen summierten sich die US-Exporte nach China auf nur 147,8 Mrd. US-Dollar, was zu einem erheblichen Handelsbilanzdefizit in Höhe von 279,4 Mrd. US-Dollar führte (Vgl. United States Census Bureau 2024). Bereits unter Präsident Barack Obama hatten die USA mit ihrem „Pivot to Asia" mit einer vor allem militärisch ausgerichteten Einhegung der Volksrepublik begonnen. Zu Beginn der ersten Amtszeit von Präsident Donald Trump schienen sich die bilateralen Beziehungen – trotz der im Wahlkampf erhobenen Vorwürfe der Währungsmanipulation und unfairer Handelspraktiken – zunächst zu stabilisieren, nicht zuletzt aufgrund eines guten persönlichen Verhältnisses zwischen Trump und Xi (Vgl. Gareis 2017). Der 2018 dann von der Trump-Administration plötzlich ausgelöste Handelskrieg mit erheblichen gegenseitigen Strafzöllen auf eine breite Palette von Industrie- und Landwirtschaftsprodukten mündete rasch in einen systemischen Konflikt, der weit über die ökonomische Dimension hinausgeht (Vgl. Rudolf 2019).

Auf die Grundkonstellation dieser Rivalität dürfte der Wahlausgang in den USA kaum einen Einfluss haben – die Eindämmung chinesischer Macht ist eines der wenigen Ziele, welches in beiden politischen Lagern der USA gleichermaßen Zustimmung findet. So setzte Präsident Joseph Biden Trumps

Handelskrieg mit der Volksrepublik durch Strafzölle und Handelsverbote für IT und weitere Hochtechnologieprodukte fort. Anders als Trump, der mit seinem sofortigen Ausstieg aus der unter Präsident Barack Obama vorbereiteten Transpazifischen Partnerschaft (einer Freihandelszone unter Ausschluss Chinas) oder durch seinen öffentlich vorgeführten Hang zu Autokraten und „starken Führern" in Beijing und Pjöngjang für Verunsicherung unter seinen regionalen Verbündeten sorgte, konnte Präsident Biden letztere wieder enger an sich binden. Biden gelang so ein weitreichendes Containment der Volksrepublik China, ohne indes die Beziehungen zu Beijing völlig zu zerstören. Im Management dieser hinsichtlich ihrer potenziellen Auswirkungen auf die gesamte Welt bedeutendste bilaterale Verbindung wird es schlussendlich darauf ankommen, ein „Schlafwandeln" (in Anlehnung an Christopher Clarks Metapher) in eine desaströse Eskalation – etwa um Taiwan – zu vermeiden.

Ob der situativ und transaktional denkende und erratisch handelnde Instinktmensch Donald Trump besser für den Umgang mit einer in vielerlei Hinsicht auftrumpfenden, intern aber mit vielen Problemen kämpfenden und daher ebenfalls schwerer zu berechnenden Volksrepublik China geeignet ist als ein kühl abwägender Machtpolitiker wie Joseph Biden lässt sich nur schwer einschätzen. Da sich amerikanische Macht aber auch im indopazifischen Raum am besten und nachhaltigsten in der engen Abstimmung mit Verbündeten, Partnern sowie durch Kommunikation mit weiteren direkt oder indirekt betroffenen Akteuren entfaltet, wäre ein strategisch-abwägendes Vorgehen in der Region wie gegenüber China angeraten. China, das 2018 noch von der plötzlichen Wendung in den USA überrascht worden war, dürfte sich auf den Wahlsieg Trumps und die Folgen vorbereitet haben.

7 Ausblick: Perspektiven für Europa

Von Ungarns Regierungschef Victor Orban abgesehen, dürfte kaum ein europäischer Verbündeter der USA den Wahlsieg Trumps einem solchen von Kamala Harris vorgezogen haben.

Aber auch dann wäre die Ära einer quasi natürlichen, verlässlich und dauerhaft an stabilen transatlantischen Beziehungen interessierten westlichen Führungsmacht zu Ende gegangen und es wären ebenfalls sehr klare und anspruchsvolle Forderungen an die Europäerinnen und Europäer hinsichtlich der Übernahme größerer Verantwortung und verstärkter Leistungen für ihre eigene Sicherheit gestellt worden. Trotz aller Drohungen werden auch in der Präsidentschaft Trump 2.0 weder die NATO noch die transatlantischen Beziehungen untergehen. Sie könnten sich aber erheblich komplizieren, wobei im Dezember 2024 in europäischen Hauptstädten noch weitgehend unklar ist, wohin die Reise mit dem alt-neuen Präsidenten gehen wird.

Die europäischen Verbündeten und Partner der USA haben seit der umfassenden Aggression Russlands in der Ukraine erhebliche Anstrengungen in den Bereichen Abschreckung, Verteidigung sowie Unterstützung beziehungsweise Ertüchtigung angegriffener beziehungsweise bedrohter Partner unternommen. Dies gilt es fortzusetzen und zu erweitern – zum einen, um sich den USA weiterhin als zuverlässige Allianzpartner zu präsentieren, zum anderen und wichtigeren aber auch, um sich in gefährlichen Zeiten und gegenüber einem entschlossen auftretenden Aggressor eigenständiger behaupten zu können. Damit könnten sie auch einer möglicherweise ungeduldiger oder aggressiver auftretenden US-Administration unter Führung von Donald Trump mit eigenem Selbstbewusstsein gegenübertreten und darauf verweisen, dass auch die USA ein Interesse an einer stabilen Allianz haben.

Von entscheidender Bedeutung wird dabei sein, dass sich nicht einzelne europäische Staaten von Trump zu bilateralen Deals verführen lassen und kurzfristige Gewinne der Geschlossenheit Europas und dem damit einhergehenden gemeinschaftlichen Schutz aller Mitgliedsstaaten vorziehen. Europa ist bekannt für diese Schwäche und Mächte wie Russland, China oder eben auch die USA haben immer wieder erfolgreich auf das Konzept *divide et impera* gesetzt. Es wird daher die wichtigste Aufgabe der Führungspersönlichkeiten in der EU sowie in europäischen NATO-Mitgliedsstaaten sein, den USA unter Trump eine konstruktive Partnerschaft auf Augenhöhe anzubieten, diese einzufordern – und die damit verbundenen politischen, militärischen und finanziellen Anstrengungen dann gemeinsam zu leisten.

Literatur

Associated Press. 2024. Election 2024. https://apnews.com/hub/election-2024. Zugegriffen: 12. Dez. 2024.
Bundesministerium der Verteidigung (BMVg). 2024. Das Ramstein-Format. https://www.bmvg.de/de/das-ramstein-format. Zugegriffen: 12. Dez. 2024.
Collinson, Stephen. 2024. Trump has big plans at home, but Syria shows why he can't escape the world's problems. https://edition.cnn.com/2024/12/09/politics/trump-syria-analysis/index.html. Zugegriffen: 12. Dez. 2024.
Cooper, James. 2024. History will remember Donald Trump as a highly consequential president. https://theconversation.com/history-will-remember-donald-trump-as-a-highly-consequential-president-243106. Zugegriffen: 12. Dez. 2024.
Europäischer Rat. 2024. EU-Unterstützung für die Ukraine. https://www.consilium.europa.eu/de/policies/european-peace-facility/#ukraine. Zugegriffen: 12. Dez. 2024.
Deni, John R. 2024. The New NATO Force Model: Ready for Launch? https://www.ndc.nato.int/news/news.php?icode=1937. Zugegriffen: 12. Dez. 2024.
Gareis, Sven Bernhard. 2017. Zwischen „Deals" und Strategie: Mögliche Entwicklungslinien der US-China-Beziehungen unter Donald Trump. *Zeitschrift für Politik* 64(3): 273–288.
Gareis, Sven Bernhard. 2021. *Deutschlands Außen- und Sicherheitspolitik.* Opladen: Verlag Barbara Budrich.
Gareis, Sven Bernhard and Reinhard Wolf. 2016. Home Alone? The US Pivot to Asia and Its Implications for the EU's Common Security and Defence Policy. *European Foreign Affairs Review* (21): 133-150
Kampeas, Ron. 2024. Trump's Middle East adviser says path to Palestinian state is key to Israel-Saudi ties. https://www.timesofisrael.com/trumps-middle-east-adviser-says-path-to-palestinian-state-key-to-israel-saudi-ties/. Zugegriffen: 12. Dez. 2024.
Lindstaedt, Natasha. 2024. Marco Rubio: Trump's foreign policy pick might be a hopeful sign for Nato. https://theconversation.com/marco-rubio-trumps-foreign-policy-pick-might-be-a-hopeful-sign-for-nato-243649. Zugegriffen: 12. Dez. 2024.
Loorents, Nele. 2024. NATO's Regional Defence Plans. https://icds.ee/en/natos-regional-defence-plans/. Zugegriffen: 12. Dez. 2024.

NATO. 2022. Strategic Concept. Adopted by Heads of State and Government at the NATO Summit in Madrid 29 June 2022. https://www.nato.int/strategic-concept/. Zugegriffen: 12. Dez. 2024.

NATO. 2024. NATO Secretary General meets US President-elect. 23. 11. 2024. https://www.nato.int/cps/en/natohq/news_230763.htm. Zugegriffen. 12. Dez. 2024.

Project 2025. Presidential Transition Project. Mandate for Leadership: The Conservative Promise. https://www.project2025.org/playbook/. *Zugegriffen: 12. Dez. 2024.*

Rudolf, Peter. 2019. *Der amerikanisch-chinesische Weltkonflikt.* Berlin: SWP.

Sabbagh, Dan. 2024. Ukraine's war effort already affected by block on $60bn US aid, says Nato chief. https://www.theguardian.com/world/2024/feb/15/ukraines-war-effort-already-affected-by-block-on-60bn-us-aid--nato-jens-stoltenberg. Zugegriffen: 12. Dez. 2024.

Schubert, Gerald. 2024. Konservativer TV-Star Pete Hegseth soll US-Verteidigungsminister werden. https://www.derstandard.de/story/3000000244790/konservativer-tv-star-pete-hegseth-soll-us-verteidigungsminister-werden. Zugegriffen: 12. Dez. 2024.

Sullivan, Kate. 2024. Trump says he would encourage Russia to 'do whatever the hell they want' to any NATO country that doesn't pay enough. CNN, 11. Februar 2024. https://edition.cnn.com/2024/02/10/politics/trump-russia-nato/index.html. Zugegriffen: 12. Dez. 2024.

The White House. 2020. Peace to Prosperity. A Vision to Improve the Lives of the Palestinian and Israeli People. https://trumpwhitehouse.archives.gov/peacetoprosperity/. Zugegriffen: 12. Dez. 2024.

United States Census Bureau. 2024. Trade in Goods with China. https://www.census.gov/foreign-trade/balance/c5700.html. Zugegriffen: 12. Dez. 2024.

Walsh, Nick Paton. 2024. Trump's Ukraine envoy has a plan to end the war that Putin may revel in. https://edition.cnn.com/2024/11/29/europe/trump-new-ukraine-envoy-analysis-intl/index.html. Zugegriffen: 12. Dez. 2024.

ZDF. 2024. Deutschland erreicht wohl Zwei-Prozent-Ziel. https://www.zdf.de/nachrichten/politik/ausland/nato-ausgaben-stoltenberg-100.html. Zugegriffen: 12. Dez. 2024.

Europäische Sicherheit ohne die USA?

Matthias Dembinski

1 Einleitung

Die überraschend klare Wiederwahl Donald Trumps und der republikanische Gewinn des Repräsentantenhauses und des Senats unterstreichen, dass diese Entscheidung des amerikanischen Wahlvolkes keinen Betriebsunfall darstellt. Auch wenn das Pendel in Zukunft wieder zurückschwingen mag, muss sich Europa auf vier lange Jahre *America-First*-Politik einstellen. *America First* ist zuerst ein innen- und gesellschaftspolitisches Programm. Was es außenpolitisch konkret bedeutet, ist weniger klar. Wir wissen, dass Donald Trump seit langem eine tiefsitzende Abneigung gegen internationale Verpflichtungen im Allgemeinen und die Mitgliedschaft der USA in internationalen Organisationen im Besonderen hegt. Er ist ein *New Sovereigntist* eigener Façon (Vgl. Spiro 2000).[1] Der aus

---

[1] Trump spitzt die Denkweise eines Flügels der amerikanischen strategischen Kultur zu. In ähnliche Richtung argumentierte beispielsweise der frühere Präsidentschaftskandidat der republikanischen Partei, Patrick J. Buchanan (1999).

M. Dembinski (✉)
PRIF – Leibniz-Institut für Friedens- und Konfliktforschung,
Frankfurt a. M., Deutschland
E-Mail: matthias.dembinski@prif.org

© Der/die Autor(en), exklusiv lizenziert an Springer Fachmedien Wiesbaden GmbH, ein Teil von Springer Nature 2025
I.-J. Werkner und A. Löw (Hrsg.), *Sicherheits- und verteidigungspolitische Neujustierungen*, Gerechter Frieden, https://doi.org/10.1007/978-3-658-47448-5_5

der ersten Amtszeit bekannte transaktionistische Stil dürfte auch zu einem Markenzeichen der zweiten werden. In der Außenhandelspolitik wird er voraussichtlich an die ersten vier Jahre anknüpfen. Auf höhere Zölle müssen sich nicht nur China, Mexiko und Kanada einstellen, sondern auch Europa. Darüber hinaus hat Trump im Wahlkampf außer vagen Versprechungen wie den Krieg in der Ukraine sofort zu beenden und künftige militärische Verstrickungen zu meiden, wenig angeboten. Die Beiträge mit sicherheitspolitischem Bezug aus seinem Umfeld sind widersprüchlich und programmatisch dünn (Vgl. Kellog et al. 2022). Immerhin hatte der Sonderbeauftragte für die Ukraine und Russland, Keith Kellog, im Vorfeld der Wahlen Überlegungen dazu entwickelt, wie Trump Druck sowohl auf Russland als auch auf die Ukraine ausüben könnte, um einen Kompromissfrieden zu erreichen (Vgl. Kellog und Fleitz 2024). Insgesamt wissen wir aber nicht, ob er über die zu erwartende Neuauflage der Klage über eine unfaire Lastenverteilung hinaus die NATO grundsätzlich infrage stellen wird, ob und wie weit er die sicherheitspolitische und militärische Präsenz der USA in Europa abbauen wird oder was er von den europäischen Verbündeten als Gegenleistung für das amerikanische Schutzversprechen verlangen wird. Selbst wenn ein weitgehender Rückzug der USA aus den sicherheits- und verteidigungspolitischen Strukturen Europas wenig wahrscheinlich ist, wären die Folgen dieses Szenarios so gravierend, dass die Beschäftigung mit ihm geboten erscheint. Ist der amerikanische Beitrag zur europäischen Sicherheit unverzichtbar? Oder ließe er sich durch größere europäische Anstrengungen ersetzen? Und wie müsste Europa sich organisieren, um eigenständig Sicherheit herzustellen?

2 *The indispensable power?* Der Beitrag der USA zur europäischen Sicherheit

Auf den ersten Blick ließe sich fragen, worin das Problem eines amerikanischen Rückzuges bestünde. Russland bildet auf absehbare Zeit die einzige ernsthafte militärische Bedrohung für die

Europäische Sicherheit ohne die USA?

europäische Sicherheit. Vergleicht man die aggregierten Machtindikatoren der europäischen Staaten mit denen Russlands, scheinen am Befund einer westlichen Überlegenheit kaum Zweifel zu bestehen. Ein Vergleich von Bruttoinlandsprodukt, Bevölkerungszahl, technologischer Innovationsfähigkeit, Streitkräften und Rüstungsausgaben spricht nicht für eine strukturelle Unterlegenheit der europäischen Staaten gegenüber Russland. Den ca. 450 Mio. in der EU lebenden Menschen stehen ca. 143 Mio. in Russland gegenüber, Tendenz sinkend. Das Bruttoinlandsprodukt der EU beträgt ca. 19,4 Billionen US$, das Russlands ca. 2 Billionen. Vergleicht man Russland mit den NATO-Ländern ohne die USA, werden die Ungleichwichte noch deutlicher. So bringen allein die NATO- und Nicht-EU-Länder Türkei, Kanada und Norwegen weitere 135 Mio. Einwohnerinnen und Einwohner und ein Bruttoinlandsprodukt von 3,7 Billionen US$ auf die Waage. Die europäischen NATO-Mitglieder verfügen bei fast allen wichtigen Waffenkategorien mit der Ausnahme von Luftabwehrsystemen über größere Arsenale als Russland.[2] Die Ungleichgewichte bei den Rüstungsausgaben hat Herbert Wulf (2024) auf Grundlage offizieller Zahlen der NATO jüngst vorgerechnet. Danach erhöhten die europäischen NATO-Länder und Kanada ihre Budgets von 235 Mrd. US$ im Jahr 2014 auf geschätzte 380 Mrd. im Jahr 2024. Zusammen mit den USA – hier werden die innerwestlichen Größenverhältnisse deutlich – erreichen die Verteidigungsausgaben der NATO im Jahr 2024 1.160 Mrd. US$. Russland wandte in den letzten zehn Jahren sehr viel größere Anteile seines Bruttoinlandproduktes für Verteidigung auf: ca. vier Prozent. Seit 2022 umfassen die Rüstungsausgaben astronomische ein Drittel des Staatshaushaltes. Dennoch sind die nominellen Ausgaben der europäischen NA-

---

[2] Vgl. die von Simon Weiss für das *Security Radar* zusammengestellten Daten unter https://peace.fes.de/projects/visualising-military-capabilities.html. Das Security Radar wird vom Wiener Büro der Friedrich Ebert Stiftung veröffentlicht.

TO-Mitglieder und Kanadas immer noch dreieinhalb Mal höher als die Russlands – und das ohne Schweden und Finnland.[3] Auch die Bilanz der russischen Kriegsführung in der Ukraine lässt Zweifel daran aufkommen, dass Russland nach 2008 eine umfassende organisatorische und militärtechnologische Modernisierung seiner Streitkräfte gelungen ist. Zudem wird es Jahre brauchen, um die dramatischen Verluste seit Februar 2022 auszugleichen. Und schließlich spricht die historische Perspektive gegen die Vermutung einer bedrohlichen westlichen Unterlegenheit. Traditionell bildete eine Pentarchie die europäische Machtbalance. Heute steht ganz Europa gegen Russland. Kurzum: Die Analyse der sogenannten *Restrainer* in der amerikanischen Debatte erscheint nicht unplausibel: Europa könnte sich selbst verteidigen, und Europa gönnt sich deshalb relativ geringe Verteidigungsausgaben, weil die USA de facto „welfare for the rich" betreiben (Vgl. Posen 2020; Mearsheimer und Walt 2016).

Aus einer anderen Perspektive wären die Folgen eines Rückzuges der USA dagegen dramatisch. Aus dieser Sicht wäre Russland militärisch nicht so schwach, wie es mit Blick auf die nominalen Verteidigungsausgaben erscheint. Berechnet man militärische Kräfteverhältnisse nicht auf der Basis von Wechselkursparitäten, sondern auf der von Kaufkraftparitäten (*Purchasing Power Parity*) – fragt also danach, wieviel militärische Schlagkraft Staaten pro Geldeinheit zu nominalen Wechselkursen kaufen können –, dann erscheint das Ungleichgewicht zulasten Russlands bei weitem geringer (Vgl. Kofman und Connolly 2019). Auch wenn Vergleiche auf der Basis von Kaufkraftparitäten schwierig zu erstellen sind, gehen Analysen davon aus, dass das russische militärische Potenzial nach dieser Systematik

---

[3] Ein Vergleich westlicher und russischer Verteidigungsaufwendungen ist allerdings schwierig. Die oben dargestellte Rechnung beruht auf Wechselkursparitäten (*market-exchange-based estimates*). Rechnet man auf der Grundlage von Kaufkraftparitäten (*purchasing power parity*), dann ist die Disparität zulasten Russlands bei weitem geringer (Vgl. Kofman und Connolly 2019).

einem Vielfachen der Auswendungen zu nominalen Preisen entspricht (Vgl. Mejino-Lopez und Wolff 2024, S. 5; Reichel 2022). Zudem hat Russland mittlerweile seine Wirtschaft auf Kriegsproduktion umgestellt und wäre damit in der Lage, künftig seine Streitkräfte sehr viel schneller wiederaufzubauen als die europäischen Staaten ihre militärischen Lücken füllen könnten (Vgl. Wolff et al. 2024).

Vor allem schlägt aus dieser Perspektive ein Strukturproblem europäischer Sicherheit zu Buche. Um es zu verstehen, reicht ein Blick auf die Landkarte. Er zeigt, dass dem Koloss Russland eine Reihe kleiner und mittelgroßer Staaten gegenüberstehen: einige direkt an der Grenze, andere viel weiter weg. Die zentrale Frage westeuropäischer Sicherheit seit den 1950er Jahren lautet folglich, wie sich die nationalen Kapazitäten dieser Staaten effizient und effektiv so aggregieren lassen, dass das Versprechen, „alle für einen" glaubwürdig wird. Wie lassen sich im Bereich der Rüstung Skaleneffekte erreichen beziehungsweise die Verluste minimieren, die durch fragmentierte Rüstungsmärkte entstehen? Und wie lassen sich bei den Streitkräften teure Doppelstrukturen abbauen und die relativ kleinen nationalen Armeen, die zudem oftmals eher auf die Landesverteidigung ausgerichtet sind, auf effektive Bündnisverteidigung hin umsteuern? Mit anderen Worten ringt Europa mit einem doppelten kollektiven Handlungsproblem: Um eine gemeinsame Abschreckung aufzubauen, müssten die Mitgliedstaaten ihre Streitkräfte zum einen so ausstatten, verzahnen und spezialisieren, dass die gemeinsamen Verteidigungsplanungen wie etwa das *New Force Model* der NATO umgesetzt werden können. Nach diesem Modell soll die Allianz schnell (innerhalb von 30 Tagen) 300.000 Truppen und weitere 500.000 innerhalb von 180 Tagen einsetzen können. Zum anderen müssten sie die politische und einheitliche militärische Führung über die zur gemeinsamen Verteidigung aufgebotenen nationalen Streitkräfte sicherstellen.

Die USA tragen zur Lösung dieses Strukturproblems mit zwei nur schwer ersetzbaren Leistungen bei: Sie bringen erstens die für die kollektive Verteidigung nötigen militärischen Kapazitäten und Fähigkeiten ein wie unter anderem Luftbetankung, satellitengestützte Aufklärung und Kommunikation, schnell verlegbare Verbände in Brigadestärke, große Bestände an weitreichender Präzisionsmunition, maritime Machtprojektion und nicht zuletzt einen nuklearen Schutzschirm (Vgl. Barry et al. 2019), die ein europäischer Staat alleine nicht bereitstellen könnte und die effizient nur durch gemeinsame Anstrengungen zu erbringen wären. Sie bringen zweitens politische und in Person des *Supreme Allied Commander Europe* (SACEUR) militärische Führung ein. Theorien hegemonialer Stabilität nennen drei kausale Mechanismen, die erklären, wie die USA die Koordinations- und Kooperationsprobleme im Kreis der übrigen mittelgroßen und kleinen NATO-Mitglieder abschwächen: Erstens stellen die USA öffentliche Güter bereit, und der obige Blick auf die innerwestlichen Disparitäten bei den Verteidigungsausgaben vermittelt einen Eindruck des Gewichts dieser Güter. Zweitens können die USA aufgrund ihrer Größe Anreize setzen, die gemeinwohlabträgliches Verhalten anderer unattraktiver machen. Drittens ist Führung durch die USA für die europäischen Partner so lange akzeptabel und verträglich, wie die USA diesen Mitsprache und Einfluss auf ihren Entscheidungsprozess ermöglichen.[4]

Damit ist die Herausforderung benannt: Wie kann es den 31 kleinen und mittelgroßen europäischen Staaten (plus Kanada) gelingen, Koordinations- und Kooperationsprobleme zu überwinden, um:

- militärpolitisch so zusammenzuarbeiten, dass militärische Potenziale und politischer Wille effektiv aggregiert werden, und
- rüstungstechnologisch so zusammenzuarbeiten, dass Skaleneffekte möglich und die bisherigen amerikanischen Beiträge effizient ersetzt werden?

Kooperationstheorien und historische Vorbilder wie die Planungen für eine Europäische Verteidigungsgemeinschaft in den 1950er Jahren legen die Vermutung nahe, dass sich ohne hegemoniale

---

[4] Der Befund, dass die USA in einzelnen Fällen wie etwa bei dem Abzug aus Afghanistan ohne Rücksprache mit ihren Bündnispartnern entscheiden, fällt auch deshalb ins Gewicht, weil es die Erwartung von Konsultationen gibt.

Führung kollektive Handlungsprobleme am ehesten durch eine institutionelle Vertiefung der Kooperation lösen lassen. Eine solche ließe sich grundsätzlich über drei Dimensionen erreichen: (a) durch *Pooling* von Souveränität, sprich den Übergang von Konsens- zu Mehrheitsentscheidungen, (b) durch Delegation an internationale Bürokratien und/oder (c) durch die Ex-Ante-Festlegung eindeutiger und obligatorischer Regeln. Tatsächlich stieße, wie im Folgenden gezeigt wird, eine Europäisierung der Verteidigungspolitik an demokratietheoretische und legitimatorische Grenzen. Diese gibt es in besonderem Maße für den souveränitätspolitisch sensiblen Bereich des Einsatzes von Streitkräften, in geringerem Maße für den Bereich der Rüstungskooperation.

3 Eine vertiefte EU als Alternative?

Mit der institutionellen Vertiefung der Kooperation ist auf die EU als Alternative zur amerikanischen Führung verwiesen. Und tatsächlich bietet sich Europa schon seit Maastricht und lautstärker seit Trumps erster Regierungszeit mit Begriffen wie europäische Souveränität, Autonomie, europäische Armee und geopolitisches Europa als Alternative an (Vgl. Dembinski und Peters 2024). Aber wie realistisch wäre der Umbau der eher als zivile oder normative Macht beschriebenen EU in einen geopolitischen Akteur, der auch Erzwingungsmacht ausüben kann? Um sich dieser Frage anzunähern, soll hier erstens die Bilanz der verteidigungs- und rüstungspolitischen Anstrengungen der EU in den Blick genommen und zweitens den strukturellen Gründen für die bisher mageren Ergebnisse nachgegangen werden.

Die Bilanz der sogenannten Gemeinsamen Sicherheits- und Verteidigungspolitik (GSVP) ist geprägt von einer tiefen Diskrepanz zwischen hochfliegenden Erwartungen und bescheidenen Leistungen. Am Anfang stand das 1999 auf dem Gipfel von Helsinki festgelegte Ziel, 60.000 schnell mobilisierbare Truppen für Auslandseinsätze auch robusteren Charakters für die EU verfügbar zu machen. Auch nur annäherungsweise nahegekommen ist die EU diesem Ziel nie. Stattdessen verlegte sie sich ab 2004 darauf, zwei schnell einsatzbereite Verbände – sogenannte *Batt-*

legroups – in der Größenordnung von je ca. 1.000 Soldatinnen und Soldaten vorzuhalten. Die Staaten sollen hierfür Truppenteile melden, die dann ein halbes Jahr für Einsätze unter der Führung der EU bereitstehen. Eingesetzt wurden die durchaus kostspieligen *Battlegroups* bislang nie – und dies, obwohl ihr Einsatz mehrfach angefragt wurde (Vgl. Meyer et al. 2022).

Auch ein anderes Modell europäischer Streitkräftemobilisierung und -entsendung weist eine interessante Tendenz auf: Für die sogenannten GSVP-Missionen unter europäischem Kommando und politischer Führung stellen Mitgliedsstaaten Ad-hoc-Truppen und Ausrüstung zur Verfügung. Beginnend mit den ersten Missionen – und insbesondere der Operation Artemis 2003 in der ostkongolesischen Provinz Bunia – lässt sich beobachten, dass diese Missionen im Zeitverlauf immer weniger robust wurden und immer mehr den Charakter von Ausbildungs- und Beobachtungsmissionen annahmen.

Für diese magere Bilanz gibt es strukturelle Gründe: Auf dem Feld der militärischen Interventionspolitik bestehen Staaten aus guten Gründen auf ihrer Souveränität und der Kontrolle über ihre Streitkräfte. Weder sind sie bereit, Mehrheitsentscheidungen zuzulassen, noch Autorität in Form von Befehlsgewalt an internationale Institutionen und ihre Organe zu delegieren. Zudem entzieht sich das Feld einer regelbasierten Kooperation. Weil nationale Regierungen auf ihrer Entscheidungshoheit beharren, können integrierte Verbände wie die *Battlegroups* nur dann zum Einsatz kommen, wenn alle truppenstellenden Staaten in einer konkreten Krisensituation ihre vitalen Interessen betroffen sehen und zum Einsatz bereit sind. Und selbst wenn diese Voraussetzung gegeben ist und sie ihre Truppen einem europäischen Kommando unterstellen, würden sie dennoch ihre Verantwortung nicht abgeben können, sondern müssten versuchen, die Ausübung der delegierten Autorität durch nationale Kommandostränge oder Vorbehalte (sogenannte *caveats*) zu kontrollieren. Indem sie auf diese Weise Souveränitätskosten begrenzen, untergraben sie gleichzeitig die militärische Effektivität (Vgl. zu diesem Spannungsverhältnis Dembinski 2023).

Auch der strategische Kompass von 2022, das letzte und mit viel Vorschusslorbeeren bedachte Strategiepapier der EU, eröffnet keinen Weg vorwärts (Vgl. EU 2022). Der Kompass hat zwei Modelle entwickelt, wie die EU militärische Fähigkeiten bereitstellen und einsetzen könnte: Das europäische Modell baut auf eine sogenannte *EU Rapid Deployment Capacity (EURDC)* auf. Dieses schreibt mit wenigen Änderungen das Modell der *Battlegroups* fort. Die von den Mitgliedsstaaten gemeldeten Truppen in einer Größenordnung von 5.000 Soldatinnen und Soldaten sollen ein Jahr lang in Bereitschaft stehen, auch Einheiten der Marine und Luftstreitkräfte umfassen und gemeinsam üben. Allerdings kann die EU nicht angeben, warum die EURDC trotz ihrer institutionellen Ähnlichkeit mit den *Battlegroups* ein Erfolg werden soll. Weil die EU-Regierungen diesem Modell offenbar selbst nicht trauen, deutet der Kompass ein zweites, nationales Modell an: nämlich Einsätze durch Koalitionen der Willigen im Namen der EU. Der Kompass erwartet zwar, derartige Koalitionen ließen sich europäisch kontrollieren. Diese Hoffnung ist aber auf Sand gebaut und de facto akzeptiert die EU mit diesem Vorschlag, dass Nationalstaaten in der Verteidigungspolitik in der Führung bleiben.

Aufgrund der hier besonders hohen Souveränitätsvorbehalte ist das Feld der militärischen Interventionen für internationale Kooperation grundsätzlich schwierig (Vgl. Dembinski 2023). Überraschender ist, dass die Leistungsbilanz der EU auch auf dem Feld der Rüstungskooperation eher ernüchternd ausfällt. Dabei sind auf diesem Feld die Kosten von „Nicht-Europa" besonders auffällig; zudem verfügt die EU-Kommission grundsätzlich über die Erfahrung und Expertise, um nationale Barrieren abzubauen, Märkte zu schaffen und Skaleneffekte zu realisieren. Zunächst zu den Kosten von „Nicht-Europa": Ein Bericht der EU-Kommission von 2022 bezifferte die Kosten, die aufgrund national fragmentierter Rüstungsmärkte, Duplizierungen und kleinen Produktionsreihen entstehen, auf 25 bis 100 Mrd. Euro pro Jahr (Vgl. Mejino-Lopez und Wolff 2024, S. 6). Allerdings wird diese Klage seit langem geführt (Vgl. Ballester 2013), und geändert hat sich nicht viel. In den 1990er Jahren verfolgte die Kommission zunächst eine ähnliche Strategie wie beim Binnenmarkt und setzte auf negative Integration, das heißt auf die Abschaffung von Marktbarrieren, die im Rüstungsbereich in Form des Artikels 346 AEUV (ex-Artikel 296 EGV) nationale Industrien schützen. Diesem Ansatz folgte auch das sogenannte Verteidigungspaket von 2009 mit der Vergabe- und der Verbringungsrichtlinie. Danach sollten Staaten größere Beschaffungsaufträge europaweit ausschreiben und Barrieren beim grenzüberschreitenden Handel mit Rüstungsgütern beseitigen. Dadurch, so die Erwartung, würden sich europäische Champions durchsetzen, europaweite Lieferketten entstehen und die Konsolidierung des Rüstungssektors voranschreiten. Nur folgten die Staaten diesen Vorgaben allenfalls zögerlich. Mit den nächsten Initiativen, der strukturierten Zusammenarbeit (PESCO) und dem europäischen Verteidigungsfond, rückte die EU vom marktorientierten Kooperationsmodell ab. PESCO wird von den Staaten dominiert, folgt einer Bottom-up-Logik und bewirkt in der Tendenz das Gegenteil von Konsolidierung. Und der europäische Verteidigungsfond ist mit acht Milliarden Euro für die gesamte Laufzeit des mehrjährigen Finanzrahmens 2021–2027 zu klein und zu stark auf Konsens ausgerichtet, um Anreize für die Entstehung einer tatsächlich europäischen Rüstungsindustrie setzen zu können. Die jüngsten Initiativen der *European Defence Industrial Strategy (EDIS)* und das *European Defence Industry Programme* (EDIP) werden vermutlich ebenfalls nur begrenzte Effekte haben. Die EDIS setzt die Ziele, mehr Rüstungsgüter von europäischen Anbietern zu kaufen und mehr zusammen zu produzieren. Angesichts der hohen Kosten europäischer Waffensysteme könnte dies kurzfristig sogar zulasten der militärischen Verteidigungsfähigkeit gehen. Das EDIP ist mit 1,5 Mrd. Euro für die Laufzeit von 2025–2027 sehr bescheiden ausgestattet und kann einer nationalen Programmlogik kaum etwas entgegensetzen. In seiner Präsentation der EDIS räumte der EU-Außenbeauftragte Josep Borrell, wenn auch eher beiläufig, die begrenzte Rolle der EU ein: „Working together with Member States is crucial because they are the masters of their armies" (EU 2024). Kurzum: Die europäische Rüstungskooperation bleibt wie seit den frühen 1990er Jahren intergouvernemental orientiert – mit allen Vor- und vor allem Nachteilen. Auch für diese Beschränkungen gibt es strukturelle Gründe: Neben der engen Verflechtung zwischen den Staaten als Auftraggebern und ihren arbeitsmarktpolitischen Interessen, den Betriebsräten sowie den rüstungsindustriellen Firmen spielen auch hier souveränitätspolitische Aspekte eine Rolle. Das Interesse, die Kontrolle über spezialisierte Zulieferbetriebe nicht zu verlieren und rüstungsindustrielle Kernfähigkeiten zu erhalten, zielt auch darauf ab, sicherheitspolitische Unabhängigkeit zu bewahren.

4 Europäische Kooperation in der Verteidigung: intergouvernemental und effektiv?

Als Ergebnis dieser Bestandsaufnahme bleibt festzuhalten, dass sowohl die Verteidigungspolitik als auch die Rüstungspolitik in Europa bis heute staatenzentriert sind. Die europäischen Staaten sind auf diesem Politikfeld bisher nur in engen Grenzen bereit, Souveränität einzuschränken und Zuständigkeiten an internationale Organisationen wie die EU zu delegieren. Die damit zusammenhängenden Verluste an militärischer Effektivität nehmen die europäischen Staaten bisher in Kauf und gleichen sie durch die starke amerikanische Präsenz und Führung aus. Ob und wie weit sie bereit wären, an der Priorisierung nationaler Souveränität Abstriche zu machen, wenn die USA als transatlantische Führungsmacht nicht mehr zur Verfügung stünden, ist eine offene Frage. Auf der Grundlage einer Einschätzung der strukturellen Gründe, die einer vertieften Kooperation entgegenstehen, sollen abschließend vier Überlegungen zur Zukunft der europäischen Verteidigung ohne die USA eingebracht werden:

Erstens: Die EU ist nicht auf dem Weg zu einer bundesstaatlichen Verfasstheit. Dem steht entgegen, dass die Infrastrukturen der Demokratie wie ein öffentlicher Diskursraum, ein Gemeinschaftsgefühl und eine gemeinsame Erinnerungskultur national gebunden sind und sich nur schwer europäisieren lassen. Entsprechend wenig Chancen haben Visionen einer europäischen Armee, die eine Form von europäischer Staatlichkeit voraussetzen. Weil Entscheidungen über den Einsatz von Streitkräften in besonderer Weise der demokratischen Legitimation bedürfen, stoßen auch andere Formen integrierter Zusammenarbeit in der Verteidigungspolitik schnell an Grenzen. Dies bedeutet umgekehrt, dass auf dem Feld der Verteidigung die Staaten in der Verantwortung bleiben.

Zweitens: Auf dem Feld der Rüstungspolitik hätte eine enge und autonomieeinschränkende Kooperation zwar ebenfalls Souveränitätskosten, diese wären aber geringer als auf dem Feld der Verteidigungspolitik, wo es um das Leben von Bürgerinnen und Bürgern in Uniform geht. Auf dem Feld der Rüstung ist folglich eine engere Kooperation, das nötige Vertrauen vorausgesetzt, eher vorstellbar. Wenn die europäischen Staaten das Zwei-Prozent-Ziel der NATO dauerhaft einhalten, stünden erhebliche Mittel für die Verteidigung zur Verfügung. Wenn sie für diese finanziellen Aufwendungen nicht genügend militärische Fähigkeiten beschaffen können, um ohne die USA Russland Paroli bieten zu können, liegt das auch an fragmentierten Rüstungsmärkten und ineffizienten Beschaffungsverfahren. Skaleneffekte lassen sich am ehesten durch eine Konsolidierung und Spezialisierung der Rüstungsindustrien auf europäischer Ebene erreichen. Mehr finanzielle Ressourcen in der Hand der EU wären nur dann ein Teil der Lösung, wenn mit diesen Mitteln wirksame Anreize zur Konsolidierung und Spezialisierung geschaffen würden.[5]

Drittens: Die Lehren aus den oben geschilderten Problemen der EU mit Interventionen durch multinationale Verbände könnte lauten, dass sich kollektive Verteidigung eher durch Ex-ante-Planungen und eine enge Kooperation zwischen Staaten erreichen lässt. Auch eine solche Kooperation setzt Abstriche an der nationalen Autonomie voraus und wird Lösungen im Spannungsfeld zwischen militärischer Effektivität und nationaler Souveränität finden müssen. Interoperabilität, ein gemeinsames strategisches

---

[5] Zu ersten Ideen, wie die EU-Mittel zur Stärkung der europäischen Rüstungsindustrie mobilisieren könnten, Vgl. Paola Tamma (2024).

Verständnis und ähnliche Führungskulturen sind wichtige Elemente effektiver kollektiver Verteidigung. Gleiches gilt für integrierte Kommandostrukturen, eine einheitliche militärische Führung und das damit verbundene Prinzip der eingeschränkten Delegation.

Viertens: Welches institutionelle Modell würde – sofern eine stärkere EU-Integration nicht funktioniert und der Politikbereich der Verteidigung intergouvernemental bleibt – sich dann am ehesten eignen, um militärische Sicherheit ohne die USA zu gewährleisten? Ein Stichwort in der Debatte lautet Stärkung des europäischen Pfeilers der NATO. Vermutlich böte die NATO als Rahmen der Kooperation auch ohne die USA bessere Chancen als die EU. Die NATO verfügt über etablierte, leistungsfähige und potenziell kooperationsfördernde Verfahren, über eine funktionale internationale Bürokratie in Form der integrierten Militärstruktur und des internationalen Sekretariats sowie über konsens- und vertrauensfördernde Kommunikationsstrukturen. Sie wäre vermutlich auch ohne die USA in der Lage, die Interoperabilität der Streitkräfte durch Vorgaben und gemeinsame Übungen zu sichern. Und sie ist in organisationskultureller Hinsicht besser positioniert als die EU. Auch die NATO setzt auf Delegation, um die Effektivität der intergouvernementalen Kooperation im politischen und militärischen Bereich zu sichern. Neben dem Generalsekretär ist der SACEUR die entscheidende Institution. Ob ein europäischer SACEUR freilich in ähnlicher Weise eine delegierte Autorität ausüben könnte wie sie dem US-amerikanischen SACEUR zugeschrieben wird, ist eine der wichtigen, aber wiederum offenen Fragen, die sich dann stellen würde, wenn Europa seine Verteidigung ohne die USA organisieren müsste.

Literatur

Ballester, Bianca. 2013. *The Cost of Non-Europe in Common Security and Defence Policy*. Brussles: European Parliamentary Research Service.

Barry, Ben, Douglas Barrie, Lucie Béraud-Sudreau, Henry Boyd, Nick Childs und Bastian Giegerich. 2019. *Defending Europe: Scenario-Based*

Capability Requirements for NATO's European Members. London: International Institute for Strategic Studies.

Buchanan, Patrick J. 1999. *A Republic, not an Empire. Reclaiming America's Destiny.* Washington D.C.: Regnery Publishing.

Dembinski, Matthias. 2023. *Zum Design militärischer Interventionen für Frieden und humanitären Schutz.* Frankfurt a. M.: PRIF.

Dembinski, Matthias und Dirk Peters. 2024. *Kann Europa Macht?* Frankfurt a. M.: PRIF (i.E.).

European Union (EU), Council of the European Union. 2022. *A Strategic Compass for Security and Defence – For a European Union that protects its Citizens, Values and Interests and Contributes to International Peace and Security.* Brussels: EU.

European Union (EU), EEAS. 2024. Defence: Remarks by High Representative/Vice-President Josep Borell at the press conference to present the European Defence Industrial Strategy. https://www.eeas.europa.eu/eeas/defence-remarks-high-representativevice-president-josep-borrell-press-conference-present-european_en. Zugegriffen: 15. Mai 2024.

Kellogg, Keith, Fred Fleitz und Robert Wilkie. 2022. Ending Putin's Invasion: Defining the Direction of U.S. Assistance. https://americafirstpolicy.com/issues/20221205-ending-putins-invasion-defining-the-direction-of-u.s-assistance-updated-as-of-day-285-of-the-invasion. Zugegriffen: 9. Dez. 2024.

Kellogg, Keith und Fred Fleitz. 2024. America First, Russia and Ukraine. https://americafirstpolicy.com/issues/america-first-russia-ukraine. Zugegriffen: 9. Dez. 2024.

Kofman, Michael und Richard Connolly. 2019. Why Russian Military Expenditure is Much Higher than Commonly Understood. War on the Rocks. https://warontherocks.com/2019/12/why-russian-military-expenditure-is-much-higher-than-commonly-understood-as-is-chinas/. Zugegriffen: 15. Mai 2024.

Mearsheimer, John J. und Stephen M. Walt. 2016. The Case for Offshore Balancing. A Superior U.S. Grand Strategy. *Foreign Affairs* 95(4): 70–83.

Mejino-Lopez, Juan und Guntram Wolff. 2024. *A European defence industrial strategy in a hostile world.* Brugel: Policy Brief Issue Nr. 29/24.

Meyer, Christoph, Ton van Osch und Yf Reykers. 2022. *The EU Rapid Deployment Capacity: This time, it's for real?* Brussels: European Parliament, Directorate General for External Policies.

Posen, Barry R. 2020. Europe Can Defend Itself. *Survival* 2(6): 7-34.

Reichel, Richard. 2022. Rüstungsausgaben. Messung, Vergleichbarkeit und Höhe. *Zeitschrift für Studium und Forschung WiSt Wirtschaftswissenschaftliches Studium* 51(7/8): 23–29.

Spiro, Peter J. 2000. American Exceptionalism and its False Prophets. *Foreign Affairs* 79(6).

Tamma, Paola. 2024. Brussels to free up billions of euros for defence and security from EU budget. https://www.ft.com/content/eb0de7f4-5ba1-460a-a83d-1a7302fc1536. Zugegriffen: 9. Dez. 2024.

Wolff, Guntram B., Alexandr Burilkov, Katelyn Bushnell und Ivan Kharitonov. 2024. *Fit for war in decades: Europe's and Germany's slow rearmament vis-à-vis Russia.* Kiel: Institute for the World Economy.

Wulf, Herbert. 2024. Die Mär vom NATO-Defizit. https://www.ipg-journal.de/rubriken/aussen-und-sicherheitspolitik/artikel/die-maer-vom-nato-defizit-7444/. Zugegriffen: 15. Mai 2024.

Braucht Europa eigene Nuklearstreitkräfte?

Ines-Jacqueline Werkner

1 Einleitung

Mit Putins Angriffskrieg gegen die Ukraine und den zunehmenden nuklearen Drohungen Russlands als Reaktion auf die westliche Unterstützung der Ukraine ist die politische Debatte um die nukleare Abschreckung wieder neu entfacht. Vor diesem Hintergrund konstatieren auch die neuen Verteidigungspolitischen Richtlinien, dass die Verteidigungs- und Bündnisfähigkeit eine glaubhafte nukleare Abschreckung erfordere (Vgl. BMVg 2023, S. 13). Aber genau diese, bislang vorrangig von den USA bereitgestellt, könnte Europa mit dem kommenden rechtspopulistischen US-amerikanischen Präsidenten Donald Trump abhandenkommen. So schürt die Aussicht auf seine zweite Amtszeit Befürchtungen, dass sich die USA aus Europa zurückziehen könnten und Europa ohne den US-amerikanischen nuklearen Abwehrschirm Russland schutzlos ausgeliefert wäre.

Ausgehend von der nuklearen Dimension des Ukrainekrieges und den prinzipiell verschiedenen ethischen Zugängen zur nuklearen Abschreckung beleuchtet der Beitrag die in der Politik

---

I.-J. Werkner (✉)
Forschungsstätte der Evangelischen Studiengemeinschaft,
Heidelberg, Deutschland
E-Mail: ines-jacqueline.werkner@fest-heidelberg.de

© Der/die Autor(en), exklusiv lizenziert an Springer Fachmedien
Wiesbaden GmbH, ein Teil von Springer Nature 2025
I.-J. Werkner und A. Löw (Hrsg.), *Sicherheits- und verteidigungspolitische Neujustierungen,* Gerechter Frieden,
https://doi.org/10.1007/978-3-658-47448-5_6

aktuell diskutierte Frage, ob Europa für seine Sicherheit eigene Nuklearstreitkräfte braucht. Dabei werden verschiedene, in der politischen Debatte befindliche Optionen in den Blick genommen, auf ihre Umsetzbarkeit hin geprüft und friedensethisch reflektiert.

2 Die nukleare Dimension des Ukrainekrieges

Wladimir Putin droht – und das ist ein Tabubruch – offen mit dem Einsatz von Atomwaffen (Vgl. u. a. Kühn 2022). Bereits zwei Tage nach Kriegsbeginn richtete er sich mit folgenden Worten an den Westen:

> „Und jetzt einige wichtige, sehr wichtige Worte an alle, die versucht sein könnten, sich von außen in den Gang der Ereignisse einzumischen. Wer immer sich uns in den Weg stellt oder gar unser Land, unser Volk bedroht, muss wissen, dass Russlands Antwort augenblicklich erfolgen wird, und sie wird Folgen für Sie haben, wie Sie sie in ihrer Geschichte noch nicht erlebt haben. Wir sind auf alle Entwicklungen vorbereitet. Alle notwendigen Entscheidungen sind getroffen. Ich hoffe, meine Worte werden gehört" (Putin 2022a).

Deutlicher wurde er in seiner Rede zur Teilmobilmachung vom 21. September 2022:

> „Im Falle einer Bedrohung der territorialen Integrität unseres Landes und zur Verteidigung Russlands und unseres Volkes werden wir mit Sicherheit von allen uns zur Verfügung stehenden Waffensystemen Gebrauch machen. Dies ist kein Bluff" (Putin 2022b).

Im November 2024 hat Russland auch eine neue Nukleardoktrin verabschiedet. So solle „eine Aggression gegen Russland durch einen Nicht-Kernwaffenstaat, aber mit Beteiligung oder Unterstützung eines Kernwaffenstaates, als gemeinsamer Angriff auf die Russische Föderation betrachtet werden" (Putin, zit. nach ZDF 2024a). Damit wurden die Kriterien für einen Atomwaffeneinsatz deutlich gelockert.

Mit seinen nuklearen Drohungen verfolgt Putin das Ziel, den Westen von der Unterstützung der Ukraine abzuhalten. Seine Strategie funktioniert: Die russischen Nukleardrohungen haben die NATO – insbesondere auch die USA und Großbritannien – bislang davon abgehalten, die Ukraine im Sinne von Art. 51 UN-Charta zu unterstützen – und das trotz des Budapester Memorandums. In diesem haben sich die Russische Föderation, die USA und das Vereinigte Königreich zur territorialen Integrität und Souveränität der Ukraine bekannt und als Gegenleistung für deren Nuklearwaffenverzicht Sicherheitsgarantien gegeben (Vgl. Budjeryn 2022).

Vor diesem Hintergrund hat der Ukrainekrieg die politische Relevanz von Nuklearwaffen noch einmal deutlich in den Fokus gerückt. Der Theologe Michael Haspel beschreibt diese in Form von zwei Thesen:

- Erstens sei die Ukraine „erst durch den Verzicht auf die auf ihrem Gebiet verbliebenen sowjetischen Atomwaffen in die Situation gekommen, Opfer eines konventionellen Angriffs zu werden" (Haspel 2023, S. 16). Hätte – so die kritische Anfrage – Russland die Ukraine auch als Atommacht angegriffen? Immerhin war die Ukraine mit 176 strategischen und mehr als 2.500 taktischen Atomraketen, die sie von der ehemaligen UdSSR „geerbt" hatte, die drittgrößte Atommacht der Welt (Vgl. Trubetskoy 2014).
- Zweitens können Nuklearwaffen auch in konventionellen Kriegen eine entscheidende Rolle spielen. So bestehe die Gefahr, dass „alle Staaten, die nicht glaubwürdig unter einem nuklearen Abwehrschirm sind, zu potenziellen Opfern auch von konventionellen Angriffen von Atommächten" (Haspel 2023, S. 16) werden. Das ist beispielsweise die Befürchtung von Moldau als Nicht-NATO-Staat. In diesem Kontext stehen aber auch die NATO-Beitritte der beiden lange Zeit neutralen Staaten Finnland und Schweden.

Angesichts dieser Konstellation wäre es – so folgert Haspel (2023, S. 16) weiter – „sicherheitspolitisch nicht zu verantworten", „auf die nukleare Option gänzlich zu verzichten".

3 Ethische Zugänge zur nuklearen Abschreckung

Die nukleare Option ist friedensethisch aber nicht unumstritten. Prinzipiell lassen sich drei grundlegende Positionen voneinander unterscheiden (Quinlan 1989, S. 195):

(1) „Der Einsatz nuklearer Waffen muss stets verwerflich sein, folglich auch der Besitz zum Zwecke der Abschreckung.
(2) Der Einsatz kann in bestimmten Formen und unter bestimmten Umständen legitim sein, folglich kann der Besitz gerechtfertigt werden.
(3) Während der Einsatz stets als verwerflich gelten muss, kann der Besitz zum Zwecke der Abschreckung zu rechtfertigen sein."

Bei allen stellen sich kritische Anfragen; sie resultieren aus der aporetischen Struktur der nuklearen Abschreckung: Vertreterinnen und Vertreter der ersten Position müssen sich fragen lassen, wie sie es verantworten können, den Einsatz von Atomwaffen einseitig „durch keine Gegenmacht eingeschränkte Option den Skrupellosen und Aggressoren [zu] überlassen" (Quinlan 1989, S. 196). Denn Nuklearwaffen sind entwickelt und präsent. Zwar lassen sich auch Hoffnungen auf eine atomwaffenfreie Welt in Anschlag bringen. Angesichts aktueller Entwicklungen scheint diese aber eher ferne Vision als politische Realität. Und auch der Atomwaffenverbotsvertrag vermag es nicht, die Nuklear- und NATO-Staaten mit einzubeziehen. Befürworterinnen und Befürworter dieses Vertrages müssten erklären, wie das praktisch funktionieren könne, wie sich beispielsweise Staaten wie die USA, Russland oder China hier einbinden lassen – gerade im Lichte der gegenwärtigen Sicherheitslage: mit dem Ukrainekrieg, aber auch mit den zunehmend konfrontativen Beziehungen zwischen den USA und China.

Die zweite Position kann das Glaubwürdigkeitsproblem nuklearer Abschreckung zwar umgehen, ist aber mit dem Problem der Verhältnismäßigkeit konfrontiert und der Frage, wie ein nuklearer Einsatz überhaupt mit einer differenzierten und verhältnismäßigen Anwendung von Gewalt einhergehen kann.

Befürworterinnen und Befürworter der dritten Position müssen sich schließlich dem Dilemma stellen, mit Waffen zu drohen, die niemals eingesetzt werden dürfen. Nukleare Abschreckung basiert auf zwei Voraussetzungen: auf der Fähigkeit und auf der Glaubwürdigkeit, diese im Ernstfall auch einzusetzen. Zudem erfordert sie rational agierende Akteure. Letzteres lässt sich zumindest kritisch hinterfragen. In diesem Sinne konstatiert auch Frank Sauer (2022):

> „Die Zweifel an der Berechenbarkeit der US-Nuklearpolitik während der Präsidentschaft Donald Trumps sind dafür genauso beispielhaft wie die aktuellen Versuche, die persönliche Risiko- und Eskalationsbereitschaft des russischen Präsidenten Wladimir Putin einzuschätzen."

Das grundlegende Dilemma ist benannt. Das macht es im Lichte der aktuellen Entwicklungen letztlich nicht nur sicherheitspolitisch, sondern gleichfalls aus ethischer Perspektive schwierig, auf die nukleare Abschreckungskomponente – so widerspruchsvoll diese auch ist – gänzlich zu verzichten.

4 Die nukleare Abschreckung im Rahmen der NATO

Die nukleare Abschreckung war für die NATO seit jeher zentraler Bestandteil ihrer Verteidigungsfähigkeiten. Die nuklearen Kräfte des Bündnisses gelten als oberster Garant für die Sicherheit der Bündnispartner. Dementsprechend heißt es auch in der aktuellen NATO-Strategie:

> „Nuclear deterrence remains a cornerstone of NATO's security strategy. The Alliance maintains its commitment to modernizing its nuclear capabilities and sustaining a credible deterrence mission to preserve peace and prevent aggression. This commitment underscores the importance of nuclear weapons in NATO's overall defense posture" (NATO 2024, S. 9).

Bislang basiert die nukleare Abschreckung der NATO vorrangig auf den Nuklearwaffen der USA. Dafür lagern auch US-amerikanische Atomwaffen in Belgien (Kleine-Brogel), den Niederlanden (Volkel), Italien (Aviano und Geddi Torre), der Türkei (Incirlik) und auch in Deutschland (Büchel) (Vgl. u. a. Brandt 2024).[1] Sie sind das Herzstück der sogenannten nuklearen Teilhabe der NATO, bei der die Stationierungsländer die Trägerflugzeuge zur Verfügung stellen (Vgl. Kamp 2024, S. 2). Die französischen und britischen Atomwaffen sind nicht Bestandteil der Vereinbarungen zur nuklearen Teilhabe.

Im Hinblick auf die nukleare Teilhabe in Deutschland hat der Ukrainekrieg deren sicherheitspolitische Notwendigkeit eher noch bekräftigt. Vor diesem Hintergrund hält die Nationale Sicherheitsstrategie der Bundesregierung von 2023 diese für unerlässlich (Vgl. Die Bundesregierung 2023, S. 31). Auch die Entscheidung der Anschaffung von F-35-Kampfjets dient der Sicherung der nuklearen Teilhabe (Vgl. u. a. Lutsch 2024).

Im Frühjahr 2024 hat sich auch der polnische Präsident Andrzej Duda offen für eine Stationierung US-amerikanischer Nuklearwaffen in Polen gezeigt (Vgl. ARD 2024). Eine solche Stationierung an der Ostflanke der NATO würde strategisch betrachtet der aktuellen Bedrohungslage entsprechen, rechtlich aber auch gegen die NATO-Russland-Grundakte von 1997 verstoßen. Danach hat sich die NATO verpflichtet, keine nuklearen Waffen im Hoheitsgebiet neuer Mitglieder zu stationieren. Angesichts des russischen Angriffskrieges ist die Gültigkeit dieser Grundakte allerdings auch massiv infrage gestellt.

5 Optionen eines europäischen nuklearen Abwehrschirmes

Donald Trumps Wahlkampfansage im Februar 2024, die NATO-Verbündeten im Falle eines russischen Angriffs nicht zu verteidigen, sorgte für Entsetzen in Europa. Erst kürzlich wiederholte

---

[1] US-amerikanische Nuklearwaffen waren bis 2007 auch in Ramstein und bis 2008 in Großbritannien (Lakenheath) stationiert (Vgl. Kamp 2024, S. 4).

Trump seine Drohungen; in einem ersten TV-Interview nach seiner Wiederwahl kündigte er an, aus der NATO auszutreten, sollten die NATO-Verbündeten ihre Rechnungen nicht bezahlen (Vgl. ZDF 2024b). Europas Sicherheit hängt stark von den USA ab; insbesondere der nukleare Schutzschirm der USA gilt als elementar. Von daher lösten Trumps Ankündigungen in Europa eine relativ spontane politische Debatte über europäische Nuklearwaffen aus. In der Diskussion sind seitdem vor allem drei Optionen: (1) EU-eigene Atomwaffen, (2) eine deutsche Nuklearkomponente sowie (3) eine Europäisierung des französischen nuklearen Abwehrschirmes (Vgl. Horovitz und Suh 2024, S. 2; Kühn 2024).

5.1 Option 1: EU-eigene Atomwaffen

Die Debatten um europäische Nuklearwaffen im Falle eines Wegfalls des nuklearen Abwehrschirmes der USA sind einerseits folgerichtig, sofern man die Position vertritt, dass eine einschränkende Gegenmacht nötig ist, solange es Nuklearwaffen in Händen von Autokraten und Diktatoren gibt wie in Russland und China. In diesem Sinne hatte auch der Politikwissenschaftler Herfried Münkler atomare Fähigkeiten für Europa gefordert, um sich vor Kriegen besser schützen zu können.

> „Es geht um Abschreckungsqualität, dazu gehört die Zweitschlagsfähigkeit. Die Briten haben zwar Atom-U-Boote, Frankreich die Bombe, aber werden sie die wirklich einsetzen, um Litauen oder Polen zu schützen? Das darf man aus Sicht des Kremls bezweifeln. Wir brauchen einen gemeinsamen Koffer mit rotem Knopf, der zwischen großen EU-Ländern wandert" (Münkler 2023).

Ähnliche Vorschläge kamen von Joschka Fischer (Die Grünen) oder auch Katarina Barley (SPD). Politisch erweisen sich diese Vorschläge jedoch als weitgehend unrealistisch: Die Europäische Union ist in der Außen-, Sicherheits- und Verteidigungspolitik nicht vergemeinschaftet. Im Gegensatz zu den USA ist sie kein Staat mit einem Gewaltmonopol. Wer hätte – abgesehen von den extrem hohen Kosten, die Nuklearwaffen mit sich bringen – bei einer EU von 27 Staaten die Verfügungsgewalt über diese Waffen?

5.2 Option 2: Eine deutsche Nuklearkomponente

Auch die zweite Option, Deutschland solle Atomsprengköpfe von den USA kaufen, um selbst verteidigungsfähig zu sein, erweist sich als keine realistische Option. Zuvorderst entbehrt sie jeglicher rechtlichen Grundlage. Deutschland ist Unterzeichner des Atomwaffensperrvertrages (auch Vertrag über die Nichtverbreitung von Kernwaffen):

> „Jeder Nichtkernwaffenstaat, der Vertragspartei ist, verpflichtet sich, Kernwaffen oder sonstige Kernsprengkörper oder die Verfügungsgewalt darüber von niemandem unmittelbar oder mittelbar anzunehmen, Kernwaffen oder sonstige Kernsprengkörper weder herzustellen noch sonstwie zu erwerben und keine Unterstützung zur Herstellung von Kernwaffen oder sonstigen Kernsprengkörpern zu suchen oder anzunehmen" (Art. II des Vertrages über die Nichtverbreitung von Kernwaffen von 1968).[2]

Zudem sind eigene Nuklearwaffen im Rahmen des 2+4-Vertrages untersagt:

> „Die Regierungen der Bundesrepublik Deutschland und der Deutschen Demokratischen Republik bekräftigen ihren Verzicht auf Herstellung und Besitz von und auf Verfügungsgewalt über atomare, biologische und chemische Waffen. Sie erklären, daß auch das vereinte Deutschland sich an diese Verpflichtungen halten wird. Insbesondere gelten die Rechte und Verpflichtungen aus dem Vertrag über die Nichtverbreitung von Kernwaffen vom 1. Juli 1968 für das vereinte Deutschland fort" (Art. 3 des Vertrages über die abschließende Regelung in Bezug auf Deutschland von 1990).

Für Deutschland wären ein Austritt aus dem Nichtverbreitungsvertrag oder eine Revidierung des 2+4-Vertrages keine auch nur in Ansätzen denkbare Option. Beides wäre weder innen- noch außenpolitisch durchsetzbar (Vgl. Deutscher Bundestag 2022, S. 2 f.).

---

[2] „Überwiegend wird davon ausgegangen, dass der NVV einer nuklearen Teilhabe nicht entgegensteht" (Deutscher Bundestag, Wissenschaftliche Dienste 2022, S. 2).

5.3 Option 3: Eine Europäisierung des französischen nuklearen Abwehrschirmes

Was würde – das wäre die dritte Option – ein französischer nuklearer Abwehrschirm bringen? Auch diese Option stünde vor großen politischen und militärisch-technischen Herausforderungen. Dass französische Atomwaffen US-amerikanische ersetzen könnten, ist derzeit wenig wahrscheinlich. Zum einen sind die französischen Nuklearwaffen eher klein, unflexibel und im Gegensatz zu den US-amerikanischen auf Minimalabschreckung ausgelegt. Frankreichs nukleare Abschreckung folgt dem Konzept der strikten Suffizienz:

> „French deterrence is based on the concept of ‚strict sufficiency', whereby France's nuclear arsenal is calibratedto inflict ‚unacceptable damage' on an adversary, with ‚unacceptable' defined as incommensurate with any gain from attacking a middle power, as France sees itself" (Fayet et al. 2024).

So besitzt Frankreich auch keine taktischen Atomwaffen. Um glaubwürdig in einem erweiterten Rahmen abzuschrecken, beispielsweise bei einem russischen Angriff auf die baltischen Staaten, müsste das französische Arsenal massiv ausgebaut und dabei auf verschiedene Fähigkeiten ausgelegt werden (Vgl. Wachs und Horovitz 2023, S. 3 ff.).

Zum anderen – und das wiegt weitaus schwerer – sprechen politische Gründe dagegen. Für Frankreich mit seinem Verständnis als Grande Nation sind französische Nuklearwaffen nationale Waffen, die nur das eigene Territorium schützen. So beinhaltete das Angebot von Emmanuel Macron, das er bereits im Februar 2020 Deutschland und anderen EU-Partnern unterbreitete, die Initiierung eines „strategischen Dialogs" über die Rolle von französischen Atomwaffen in der kollektiven Verteidigung Europas – für ein besseres Verständnis seiner europäischen Partner und zur Förderung der praktischen Zusammenarbeit. So bot er beispielsweise den europäischen Partner an, an Übungen der französischen

Abschreckungskräfte teilzunehmen.³ Um eine französische Übernahme atomarer Sicherheitsgarantien ging und geht es dabei nicht (Vgl. Wachs und Horovitz 2023, S. 2). Letzteres wäre für Europa unter Umständen auch mit Unsicherheiten behaftet und wenig nachhaltig, denn „[e]ven if Macron favoured opening up the French deterrent to the rest of Europe, it is unlikely that a far-right successor would maintain that course" (Fayet et al. 2024).

6 Fazit

Die zweite Präsidentschaft von Donald Trump ist für Europa mit großen Unsicherheiten behaftet. Das betrifft insbesondere das Kernstück der NATO, die nukleare Abschreckung, die vorrangig durch die USA garantiert wird. Ohne den US-amerikanischen nuklearen Abwehrschirm wäre Europa nuklear verwundbar. Die – auch konventionelle – Kriegsgefahr könnte sich für Europa deutlich erhöhen. Da Russland gegenwärtig im Begriff scheint, den Krieg in der Ukraine militärisch zu gewinnen, ist es plausibel anzunehmen, dass eine nicht funktionierende nukleare Abschreckung russische Angriffe auf europäische NATO-Staaten wahrscheinlicher machen würde. Dabei müsste Donald Trump noch nicht einmal die US-amerikanischen Nuklearwaffen aus Europa abziehen oder aus der NATO austreten. Allein die Ankündigung, Europa nicht mehr verteidigen zu wollen, schränkt die Glaubwürdigkeit – und sie ist ein notwendiges Element der Abschreckung – massiv ein (Vgl. Major 2024).

Zugleich erweisen sich Optionen eigener europäischer Nuklearstreitkräfte oder auch eines französischen nuklearen Abwehrschirmes für Europa – so wichtig diese auch wären – als wenig realistisch. Damit würde sich bei einem Rückzug der USA für Europa eine erkennbare politische wie militärische Sicherheitslücke auftun, die sich kurzfristig auch nicht schließen ließe. Angesichts der Unberechenbarkeit des US-amerikanischen Präsidenten

---

[3] Auf dieses Angebot ist nur Italien eingegangen (Vgl. Fayet et al. 2024).

wäre es jedoch angeraten, das Angebot des französischen Präsidenten Macron für einen Dialog und eine verstärkte europäische Zusammenarbeit in der Nuklearpolitik anzunehmen. In diese sollte letztlich auch Großbritannien als weitere Nuklearmacht in Europa – wenn auch nicht mehr in der EU – integriert werden.

Literatur

ARD. 2024. Duda offen für Atomwaffenstationierung in Polen. https://www.tagesschau.de/ausland/europa/polen-nato-atomwaffen-100.html. Zugegriffen: 15. Dez. 2024.

Brandt, Mathias. 2024. Wo sind in Europa Atomwaffen stationiert? https://de.statista.com/infografik/31763/europaeische-militaerbasen-auf-denen-nuklearwaffen-stationiert-sind/. Zugegriffen: 19. Dez. 2024.

Budjeryn, Mariana. 2022. *Inheriting the Bomb. The Collapse of the USSR and the Nuclear Disarmament of the Ukraine.* Baltimore: Johns Hopkins University Press.

Bundesministerium der Verteidigung (BMVg). 2023. *Verteidigungspolitische Richtlinien 2023.* Berlin: BMVg.

Deutscher Bundestag, Wissenschaftliche Dienste. 2022. Rechtliche Grenzen einer etwaigen atomaren Bewaffnung Deutschlands. https://www.bundestag.de/resource/blob/909218/f4ffe08925547c6455f8eb5194b9bd70/WD-2-041-22-pdf.pdf. Zugegriffen: 19. Dez. 2024.

Die Bundesregierung. 2023. *Wehrhaft. Resilient. Nachhaltig. Integrierte Sicherheit für Deutschland. Nationale Sicherheitsstrategie.* Berlin: Auswärtiges Amt.

Fayet, Héloïse, Andrew Futter und Ulrich Kühn. 2024. Forum: Towards a European Nuclear Deterrent. https://www.iiss.org/de-DE/online-analysis/survival-online/2024/09/forum-towards-a-european-nuclear-deterrent/. Zugegriffen: 19. Dez. 2024.

Haspel, Michael. 2023. Mit der Zerstörung der Welt drohen, um sie zu retten? *Zur Sache BW. Evangelische Kommentare zu Fragen der Zeit.* 2023(2): 13–18.

Horovitz, Liviu und Elisabeth Suh. 2024. *Trump II und die nukleare Rückversicherung der NATO. Lösungsansätze statt Alarmismus.* Berlin: Stiftung Wissenschaft und Politik.

Kamp, Karl-Heinz. 2024. *Nuclear NATO: how to make it credible and efficient.* Rom: NATO Defense College.

Kühn, Ulrich. 2022. Die nukleare Dimension des Ukraine-Kriegs. *Zeitschrift für Internationale Beziehungen.* 29 (2): 162–184.

Kühn, Ulrich. 2024. Germany debates nuclear weapons, again. But now it's different. https://thebulletin.org/2024/03/germany-debates-nuclear-weapons-again-but-now-its-different/. Zugegriffen: 19. Dez. 2024.

Lutsch, Andreas. 2024. Keine Illusionen: „Zeitenwende" und legitime Selbstverteidigung im paradoxen Nuklearzeitalter. https://www.herder.de/communio/gesellschaft/zeitenwende-und-legitime-selbstverteidigung-im-paradoxen-nuklearzeitalter-keine-illusionen/. Zugegriffen: 19. Dez. 2024.

Major, Claudia. 2024. Diskussion bei Markus Lanz. https://www.zdf.de/gesellschaft/markus-lanz-vom-24-januar-2024-100.html. Zugegriffen: 19. Dez. 2024.

Münkler, Herfried. 2023. Interview im Stern „Politologe Herfried Münkler: ‚Europa muss atomare Fähigkeiten aufbauen'" vom 29. November 2023. https://www.stern.de/politik/ausland/herfried-muenkler---europa-muss-atomare-faehigkeiten-aufbauen--34238700.html. Zugegriffen: 19. Dez. 2024.

NATO. 2024. NATO's strategy after 75 years of adaptation. https://llyc.global/wp-content/uploads/2024/07/NATOs-strategy-after-75-years-of-adaptation-1.pdf. Zugegriffen: 19. Dez. 2024.

Putin, Wladimir. 2022a. Ansprache des russländischen Präsidenten vom 24. Februar 2022. Im Wortlaut abgedruckt in: https://zeitschrift-osteuropa.de/blog/vladimir-putin-ansprache-am-fruehen-morgen-des-24.2.2022/. Zugegriffen: 19. Dez. 2024.

Putin, Wladimir. 2022b. Rede zur Teilmobilmachung vom 21. September 2022. Im Wortlaut abgedruckt in: https://www.tagesspiegel.de/politik/dies-ist-kein-bluff-putins-rede-zur-teilmobilmachung-im-wortlaut-8667736.html. Zugegriffen: 19. Dez. 2024.

Quinlan, Michael. 1989. Die Ethik der nuklearen Abschreckung. Eine Kritik des Hirtenbriefs der amerikanischen Bischöfe. In *Nukleare Abschreckung – Politische und ethische Interpretationen einer neuen Realität*. Hrsg. von Uwe Nerlich und Trutz Rendtorff, 185–220. Baden-Baden: Nomos.

Sauer, Frank. 2022. Nukleare Abschreckung. Theorie, Grenzen und Kritik. https://bpb.de/themen/militaer/deutsche-verteidigungspolitik/508040/nukleare-abschreckung/. Zugegriffen: 19. Dez. 2024.

Trubetskoy, Denis. 2014. Als die Ukraine ihre Atomwaffen dem späteren Feind gab. https://www.n-tv.de/politik/Als-die-Ukraine-ihre-Atomwaffen-dem-spaeteren-Feind-gab-article24658847.html. Zugegriffen: 19. Dez. 2024.

Wachs, Lydia und Liviu Horovitz. 2023. *Frankreichs Atomwaffen und Europa. Optionen für eine besser abgestimmte Abschreckungspolitik*. Berlin: Stiftung Wissenschaft und Politik.

ZDF. 2024a. Putin passt Atomdoktrin an – und droht Westen. https/ www.zdf.de/nachrichten/politik/ausland/putin-nukleardoktrin-atomwaffen-ukraine-krieg-russland-100.html. Zugegriffen: 19. Dez. 2024.

ZDF. 2024b. Trump droht im TV mit NATO-Austritt. https://www.zdf.de/nachrichten/politik/ausland/trump-ukraine-nato-hilfe-100.html. Zugegriffen: 19. Dez. 2024.

Nach sicherheits- und verteidigungspolitischen auch friedensethische Neujustierungen?

Anna Löw

Die durch den Krieg in der Ukraine ausgelösten sicherheits- und verteidigungspolitischen Neujustierungen lassen sich auf einer globalen, einer transnational-europäischen sowie einer nationalen Ebene verorten. Die damit einhergehenden Verschiebungen der Sicherheitsarchitekturen gilt es auch friedensethisch zu reflektieren. Insbesondere die Maxime „si vis pacem, para pacem", die die letzten Jahrzehnte das friedensethische Denken stark geprägt hat, wird durch die Abschreckungslogik der sicherheits- und verteidigungspolitischen Neujustierungen grundlegend infrage gestellt. Inwiefern trägt also eine solche in anderen friedenspolitischen Zeiten formulierte Grundmaxime unter den sicherheits- und verteidigungspolitischen Bedingungen der heutigen Zeit noch? Müssen auch in der Friedensethik Neujustierungen vorgenommen werden und wenn ja, welche?

A. Löw (✉)
Forschungstätte der Evangelischen Studiengemeinschaft,
Heidelberg, Deutschland
E-Mail: anna.loew@fest-heidelberg.de

1 Sicherheits- und verteidigungspolitische Neujustierungen auf globaler Ebene

Auf globaler Ebene ist zunächst zu beobachten, dass sich die globale Sicherheitsordnung zunehmend der westlichen Steuerung und Kontrolle entzieht. Neben dem „Westen" (Nordamerika und Westeuropa) haben sich weitere Machtzentren herausgebildet; dazu gehören insbesondere China, Russland und Indien (Vgl. Münkler 2023). Der Angriffskrieg Russlands gegen die Ukraine hat die Multipolarität der globalen Sicherheitsordnung deutlich erkennbar werden lassen und die Spannungen zwischen dem Westen und dem russisch-chinesischen Lager verschärft. Während westliche Staaten geschlossen Russland verurteilten, weitreichende Sanktionen verhängt sowie massive militärische und finanzielle Unterstützung für die Ukraine bereitgestellt haben, nehmen Länder wie China und Indien sowie weitere Staaten der BRICS und des Globalen Südens eine deutlich ambivalentere Haltung ein und vermeiden bis heute eine Verurteilung Russlands (Vgl. Werkner 2023). Darüber hinaus hat sich auch das strategische Bündnis zwischen Russland und China als robuster erwiesen, als von westlichen Beobachterinnen und Beobachtern zunächst erwartet. Beide Länder demonstrieren eine zunehmende wirtschaftliche und militärische Zusammenarbeit, die darauf abzielt, die von den USA dominierte internationale Ordnung herauszufordern (Vgl. Kluge 2023; Tagesschau 2024).

Der Ausgang der US-Wahlen im November 2024 wird die bereits zuvor sichtbaren geopolitischen Verschiebungen weiter verschärfen. Sven Gareis weist darauf hin, dass der Wahlsieg Donald Trumps das autokratische Lager der Weltpolitik stärkt und die USA gleichzeitig zu einem deutlich weniger berechenbaren Akteur macht, was die anderen geopolitischen Machtzentren, insbesondere China, stärken könnte. Damit gehen erhebliche Folgen für die Ukraine, die transatlantischen Beziehungen, den Nahen Osten, den Indopazifik und Europa einher.

2 Sicherheits- und verteidigungspolitische Neujustierungen auf transatlantisch-europäischer Ebene

Die transatlantischen Sicherheitsbeziehungen reagieren auf die veränderte globale Sicherheitsordnung und justieren sich entsprechend neu. Die Sicherheit Europas verliert für die USA zunehmend an Relevanz. Europa muss sich deshalb darauf vorbereiten, mehr Verantwortung für die eigene Sicherheit zu übernehmen. Die europäische Sicherheit sieht sich dabei jedoch mit einem grundlegenden Strukturproblem konfrontiert, das sich in Koordinations- und Kooperationsproblemen der 32 kleinen und mittelgroßen europäischen Staaten zeigt. Indem die USA zum einen die für die kollektive Aktion nötigen militärischen Kapazitäten und Fähigkeiten und zum anderen Führung einbringen, tragen sie zur Lösung dieses Strukturproblems bei (Vgl. Beitrag Dembinski). Neue geopolitische Herausforderungen binden jedoch Ressourcen und Aufmerksamkeit der USA, was das relative Gewicht Europas für Washington reduziert. In den letzten Jahren, insbesondere unter Trump 2017–2021, aber auch unter Biden 2021–2025, haben die USA ihr sicherheitspolitisches Interesse zunehmend auf den pazifischen Raum gerichtet (Vgl. Horovitz und Suh 2024). Von den europäischen Partnern wird erwartet, dass sie mehr Verantwortung für die eigene Sicherheit übernehmen. Die zweite Präsidentschaft von Trump wird sich bei diesen Entwicklungen vermutlich als Katalysator erweisen, da dieser bereits mehrfach angekündigt hat, die US-Verpflichtungen gegenüber der NATO und europäischen Sicherheitsbündnissen grundlegend zu überprüfen.

Die Verschiebungen im sicherheits- und verteidigungspolitischen Verhältnis zwischen den USA und Europa erfordern einen stärkeren Fokus auf die gemeinsame Verteidigung innerhalb der EU, was eine engere Abstimmung und Koordination der Verteidigungspolitiken notwendig macht. Gleichzeitig bergen divergierende Sicherheitsinteressen und -prioritäten der europäischen Partner mögliches Konfliktpotenzial. Die praktische

Koordination der verschiedenen Verteidigungspolitiken stößt auf strukturelle Herausforderungen. Unterschiedliche Rüstungsindustrien, nationale Beschaffungsprozesse, Zuständigkeiten und militärische Traditionen sowie konsensuale Entscheidungsprozesse innerhalb der EU in der Gemeinsamen Sicherheits- und Verteidigungspolitik (Einstimmigkeit anstelle von qualifizierten Mehrheiten) erschweren eine tatsächliche Integration. Das Konzept einer europäischen Armee bleibt trotz rhetorischer Bekenntnisse eine Vision, deren Umsetzung unter anderem wegen der erforderlichen komplexen Abstimmungsprozesse in weiter Ferne scheint. Vor diesem Hintergrund kommt Matthias Dembinski in seinem Beitrag zu dem Ergebnis, dass eine vertiefte EU keine realistische Alternative zur amerikanischen Führung darstellt. Stattdessen weist er darauf hin, dass der NATO, selbst ohne die USA, eine Schlüsselrolle in der europäischen Verteidigungspolitik zukommt.

Die veränderten transatlantischen Beziehungen werfen die Frage nach europäischen Nuklearstreitkräften auf. Dieser widmet sich Ines-Jacqueline Werkner und kommt zu dem Schluss, dass die Debatte um europäische Nuklearwaffen folgerichtig ist, sofern man die Position vertritt, dass eine einschränkende Gegenmacht nötig ist, solange es Nuklearwaffen in Händen von Autokraten gibt. Politisch würden sich die Vorschläge EU-eigener Nuklearwaffen oder auch einer erweiterten nuklearen Abschreckung durch französische Atomwaffen jedoch als unrealistisch erweisen. Letztlich wäre Europa ohne die USA nuklear verwundbar und auch die konventionelle Kriegsgefahr würde sich für Europa deutlich erhöhen.

3 Sicherheits- und verteidigungspolitische Neujustierungen auf nationaler Ebene

Die sicherheits- und verteidigungspolitischen Neujustierungen – wie die Erhöhung der Verteidigungsausgaben, die Fokussierung auf die Landes- und Bündnisverteidigung sowie die damit verbundene militärische Abschreckung – sind auch in Deutschland erkennbar (Vgl. z.B. Bundesministerium der Verteidigung (BMVg) 2023; Die Bundesregierung 2023). Dabei steht die Refokussierung der Bundeswehr auf die Landes- und Bündnisverteidigung in Deutschland jedoch in einem diskursiven Kontext, der die komplexen sicherheitspolitischen Herausforderungen in eine verengte militärische Perspektive überführt. Militärische Stärke wird im politischen Diskurs nicht auch als potenziell destabilisierender Faktor, sondern als alternativloser Garant von Sicherheit präsentiert. Die suggerierte Kausalität zwischen militärischer Aufrüstung und Friedenssicherung verschleiert dabei die intrinsischen Widersprüche dieser Logik.

Ein besonders problematischer Ausdruck dieses Diskurses ist der Begriff der „Kriegstüchtigkeit" (zu diesem Begriff Vgl. Beitrag Werkner). Er impliziert weit mehr als die friedensethisch legitimierbare Verteidigungsfähigkeit; semantisch enthält er zugleich die Dimension der Angriffsfähigkeit – und genau darin liegt das Problem. Vor diesem Hintergrund wird Werkners Forderung nach sprachlicher Deeskalation zentral. Es bedarf einer kritischen Reflexion und Dekonstruktion dieser Semantik. Eine friedensethisch verantwortungsvolle Sicherheitspolitik sollte nicht von „Kriegstüchtigkeit", sondern von „Verteidigungsfähigkeit" sprechen.

4 Friedensethische Neujustierungen?

Die sicherheits- und verteidigungspolitischen Neujustierungen und die damit einhergehende Logik der Abschreckung stellen die friedensethische Maxime „si vis pacem para pacem" (Wenn du Frieden willst, bereite den Frieden vor) des Leitbildes des gerechten Friedens grundlegend infrage. Diese wurde in bewusster Abgrenzung zum „si vis pacem para bellum" (Wenn du Frieden willst, bereite den Krieg vor) formuliert. Historisch ist diese Formulierung in der Zeit nach dem Ende des Kalten Krieges, in der Friedensdividende zu verorten. Während im Kalten Krieg die zwischenstaatliche Kriegsgefahr virulent war, standen in den 1990er Jahren vor allem innerstaatliche Konflikte und internationale Friedenseinsätze im Fokus. Damit fällt die Reformulierung dieser friedensethischen Grundmaxime in eine Zeit, die von der Hoffnung auf eine umfassende „Zivilisierung von Politik" (Senghaas und Senghaas 1992, S. 231) geprägt war und sich in zunehmender Rechtsstaatlichkeit, Erwartungsverlässlichkeit, ökonomischem Ausgleich und Empathie ausdrückte (Vgl. Senghaas und Senghaas 1992). In diesem Kontext gewann somit die Logik des „para pacem" an Bedeutung, die auf Prävention, Dialog und friedliche Konfliktbearbeitung setzte. In den Jahren, in denen das friedensethische Leitbild des gerechten Friedens entwickelt wurde, standen vielmehr internationale Konfliktszenarien im Mittelpunkt, wie die Balkankriege mit den ethnischen Konflikten im ehemaligen Jugoslawien, der Einsatz in Afghanistan nach den terroristischen Anschlägen vom 11. September 2001 sowie Friedensmissionen in Afrika wie etwa in Somalia, Ruanda und Liberia. Diese Einsätze wurden ausgelöst von komplexen innerstaatlichen Konflikten, Bürgerkriegen und humanitären Krisen, die eine neue Form internationaler Friedenssicherung und -intervention erforderlich zu machen schienen. Charakteristisch waren dabei multilaterale Ansätze durch die UN, die NATO und andere internationale Organisationen, die versuchten, durch gezielte Interventionen Frieden zu stabilisieren, Menschenrechtsverletzungen zu stoppen und politische Neuordnungen zu unterstützen. In diesen Einsätzen drückte sich auch die Hoffnung aus, dass sich die Grundprinzipien einer liberalen Weltordnung weltweit umsetzen ließen.

Diese Hoffnung bröckelte spätestens mit der Annexion der Krim 2014, dem gescheiterten Afghanistaneinsatz, den erfolglosen internationalen Vermittlungsversuchen in Syrien sowie der anhaltenden Gewalt im Südsudan, wo UN-Missionen die ethnischen Konflikte nicht befrieden konnten. Mit dem Angriff Russlands auf die Ukraine 2022 ist sie endgültig zerbrochen. Ökonomische Verflechtungen haben Putin nicht davon abhalten können, grundlegende rechtsstaatliche Prinzipien massiv zu missachten. Das Vertrauen zwischen dem Westen und einem Russland unter Putin ist nachhaltig zerstört. Die in dem Band skizzierten sicherheits- und verteidigungspolitischen Neujustierungen mit der Fokussierung auf militärische Abschreckung und Aufrüstung stehen in diesem Kontext. Die aktuelle Entwicklung scheint die friedensethischen Überlegungen seit dem Ende des Kalten

Krieges und die bisherige Orientierung am Prinzip des „para pacem" grundlegend infrage zu stellen; stattdessen scheint sich eine Rückkehr zum „para bellum"-Denken zu vollziehen. Dies wirft grundlegende friedensethische Fragen auf: Welche normativen Konsequenzen ergeben sich aus der veränderten sicherheitspolitischen Situation für die friedensethische Theoriebildung? Kann und sollte die friedensethische Reflexion diese Entwicklung mittragen?

Die Gemeinsamkeit der beiden Maximen besteht im ersten Halbsatz: Beide verstehen sich als Friedensstrategie, wobei ihnen jedoch ein unterschiedlicher Friedensbegriff zugrunde liegt: Während der Ansatz des „para bellum" einen engen, symptomorientierten Friedensbegriff vertritt, der Frieden primär als Zustand der Abwesenheit von Gewalt versteht, rekurriert die evangelische Friedensethik mit dem „para pacem" auf einen weiten, ursachenorientierten Friedensbegriff, der Frieden vielmehr als Prozess versteht (Vgl. Senghaas und Senghaas 1992). Im zweiten Halbsatz wird deutlich, dass je unterschiedliche Wege zum Frieden für legitim und zielführend erachtet werden. Mit dem „para pacem" argumentiert die evangelische Friedensethik, dass die Mittel des „para bellum" nicht auf einen wahrhaftigen Frieden, einen gerechten Frieden ausgerichtet sind. Die hinter dem „para bellum" stehende Logik kann bestenfalls eine vorübergehende Gewaltprävention durch Abschreckung erreichen. Gerechter Frieden definiert sich aber gerade durch mehr als die Verhinderung einer militärischen Eskalation: Er erfordert Versöhnung, strukturelle Gerechtigkeit, Anerkennung der Würde aller Konfliktparteien und die Überwindung von Gewaltstrukturen.

Vor diesem Hintergrund ist am Grundsatz des „para pacem" festzuhalten (Vgl. Ackermann 2024). Die zentrale Herausforderung der Gegenwart besteht darin, diesen Grundsatz unter den veränderten sicherheits- und verteidigungspolitischen Rahmenbedingungen neu zu interpretieren und praktisch umzusetzen. Das Konzept des „para pacem" bedarf einer Ausgestaltung, die eine Friedensordnung denkmöglich macht, welche revisionistische Staaten einbezieht. Dabei gilt der Grundsatz, dass Sicherheit nur dann nachhaltig sein kann, wenn sie für alle beteiligten

Akteure gleichermaßen gewährleistet ist. Eine solche inklusive Sicherheitsarchitektur bildet die unverzichtbare Grundlage für einen gerechten Frieden, der weiterhin als friedensethische Leitperspektive dienen muss. Friedensethisch zu reflektieren bleibt dabei die Frage, inwiefern Aspekte der Abschreckungslogik auch im Rahmen der potenziell notwendigen rechtserhaltenden Gewalt eines „para pacem" Platz finden können und wann aber auch der Punkt erreicht ist, an dem die Logik des „para bellum" ein „para pacem" unmöglich macht.

Eva und Dieter Senghaas differenzieren zwischen verschiedenen Formen eines „militärisch abgesicherte(n) Machtmanagement(s)" (Senghaas und Senghaas 1992, S. 245). Das sind erstens eine „bloße Abhaltestrategie (im Sinne nicht-provokativer Verteidigung)", zweitens eine „Abschreckungsstrategie mit defensiven und offensiven Komponenten" und drittens eine „offensiv ausgelegte Vorwärtsstrategie, die sich von einer reinen Offensivstrategie nur wenig unterscheidet" (Senghaas und Senghaas 1992, S. 245). Inwiefern die unterschiedlichen Logiken von „para bellum" und „para pacem" zusammengedacht werden können, ist auch abhängig davon, welche Form des Machtmanagements dem „para bellum" zugrunde liegt: Dabei ist nur die erste Form einer bloßen Abhaltestrategie im Rahmen eines „para pacem" denkmöglich, entspricht sie doch dem Konzept der rechtserhaltenden Gewalt im Rahmen des Strebens nach einem gerechten Frieden. Die zentrale Frage hinter einer möglichen friedensethischen Neujustierung des „para pacem" ist jedoch, wie sich ein solches Abhalten, eine solche Verteidigungsfähigkeit, theoretisch und praktisch von einer riskanten Abschreckungsstrategie unterscheiden lässt.

Literatur

Ackermann, Dirck. 2024. „Si vis pacem para pacem" – Kann die Maxime des gerechten Friedens noch Gültigkeit für sich beanspruchen? *Heidelberger Forum zur Friedensethik. Working Paper Nr. 4*: 24–31.

Bundesministerium der Verteidigung (BMVg). 2023. *Verteidigungspolitische Richtlinien 2023*. Berlin: BMVg.

Die Bundesregierung. 2023. *Wehrhaft. Resilient. Nachhaltig. Integrierte Sicherheit für Deutschland. Nationale Sicherheitsstrategie.* Berlin: Auswärtiges Amt.

Horovitz, Liviu und Elisabeth Suh. 2024. *Trump II und die nukleare Rückversicherung der USA im Pazifik. Warum Australien, Japan und Südkorea andere Sorgen haben.* Berlin: SWP.

Kluge, Janis. 2023. *Russisch-chinesische Wirtschaftsbeziehungen. Moskaus Weg in die Abhängigkeit.* Berlin: SWP.

Münkler, Herfried. 2023. *Welt in Aufruhr. Die Ordnung der Mächte im 21. Jahrhundert.* Berlin: Rowohlt.

Senghaas, Dieter und Eva Senghaas. 1992. Si vis pacem, para pacem: Überlegungen zu einem zeitgemäßen Friedenskonzept. *Leviathan* 20(2): 230–251.

Tagesschau. 2024. Zwei Autokraten in der Zweckgemeinschaft. https://www.tagesschau.de/ausland/asien/china-russland-zusammenarbeit-100.html. Zugegriffen: 27. Nov. 2024.

Werkner, Ines-Jacqueline (Hrsg.). 2023. *Stimmen zum Krieg in der Ukraine. Reaktionen jenseits der westlichen Welt.* Heidelberg: HeiBOOKS.

The manufacturer's authorised representative in the EU is Springer Nature Customer Service Centre GmbH, Europaplatz 3, 69115 Heidelberg, Germany. If you have any concerns regarding our products, please contact ProductSafety@springernature.com

Printed and bound by CPI Group (UK) Ltd, Croydon, CR0 4YY

23/03/2026

02076397-0001